# 基本的人権論

ハンス・マイアー 著
森田　明 編訳

信山社

Hans Maier

Die Grundrechte des Menschen im modernen Staat (A. Fromm, Osnabrück 1973)

Nach dem Sozialism — eine neue Ethik des Sozialen? (in : Neue Heft fur Philosophie H. 34, S 1-17, 1993)

# 日本語版への序文

基本的人権の歴史および社会主義終焉以降の社会倫理に関する私の著作二篇が、こうして日本語で出版される運びとなったことは、私にとって大きな名誉であり喜びであります。畏友森田明教授とその協力者が翻訳・出版にあたってとられた労に対してお礼を申しあげるとともに、日本語版読者のために教授が付された詳細な解説に改めて感謝の意を表したく思います。

解説の中でいみじくも指摘されているように、基本的人権の概念は、今や現代世界における普遍的妥当性を獲得するに至っています。かつては国内法のうちにのみ根拠を持っていたこの概念は、第二次世界大戦以後になると国際法のうちに自らの足場を見いだしました。その例として、一九四五年の国連憲章、一九四八年の世界人権宣言、一九六六年の国際人権規約を挙げれば十分でありましょう。この期間に、日本も含めた一〇〇以上の国家がこれらの条約に加盟しました。

人権の歴史は三つの段階を経て展開して来ました。第一にこれは、全ての人間の自然法的自由を高らかに謳い上げることから始まりました（一七八九年のフランス人権宣言はまさにそうした情熱の結晶であり、フランスに先立つアメリカの人権宣言はこの点でずっと控えめでした）。引き続いて、人権の国内法秩序への実定化が進行した長い一九世紀がやってきます。人権はここで基本権となりました。二〇世紀中葉になるとこの基本権は、人権理念の普遍化に向けて新たな転進を始めます。基本権は国際化されると同時に、生成しつつある世界法の立脚点となったのです。

しかしながらこのような人権の勝利への道程は多くの問題を伴うものでもありました。人権は世界のあちこちで、文化や宗教という旧来の伝統に拠る障害物に遭遇したからです。一八・一九世紀の人権の歴史が、〈世界〉対〈国民国家〉あるいは〈人間〉対〈市民〉という枠組みで演じられた物語であったとすれば、二〇・二一世紀のその歴史は、はるかに多層的で複雑です。文化的・宗教的伝統が、新しい要因として加わってきたのです。

本書の中でも述べられるように、人権の根底にある自由の理念は、いま一度新たに検討される必要があります。この新たな自由の理念はまた、諸文化の中に表われている固有なもの、独特なもの、相反するものをも自らのうちに取り入れる必要があるでしょう。というのも、近代的自由の観念には、「人間は、自分が日本人かドイツ人かインド人かアメリカ人かを問うことなしに人間たり得る」という前提が含まれているのですが、今日求められているのは、こうした抽象的な普遍性の代わりに、具体的で、文化的に個別化された普遍性をうち立てることに他ならないからです。

古い伝統をもつ日本の文化は、こうした場面で大きな貢献をなすことができるに違いない、と私は確信するものであります。

二〇〇二年三月二九日

ミュンヘンにて
ハンス・マイアー

# 目次

# 第一部　近代国家における基本的人権

## はじめに

基本権[1]は、現代社会において論争の的になっている。昨日まではなお揺るぎなく手にしていたと思えたものが、今日ではまさに政治的イデオロギーの争いの種になろうとしている。恐らく、一八世紀のその勝利の行進の時以来、基本権が今日ほど相対立する解釈に晒されたことはなかった。その価値と意味についての根本的な不一致がこれほどに露わになったことはなかった。しかもそれは外面的には、基本権が欧米世界の枠をこえ、国連人権宣言の中で生成しつつある世界法の基本原理として宣言されるという時代に起っているのである。

だが、基本権とは今日いったい何であろうか？　ある人はここに技術文明の圧力に対する個人の自由の防壁を見る。他の者はこれとはまさに反対に、基本権は社会が個人に対して確保すべき社会参加への請求権であると考える。前者にとっては、国家は無用な活動を自制して、疑わしい場合には市民の自由を優先させるべきものであるが、後者にとって国家はまさに集団のエゴイズムを抑えて、万人の社会的自由を創り出すために活動すべきものである。このように、基本権の理解は、その背後にある社会像に応じて、自由主義的ないしは社会的な、つまり根本的に異なった二つの思考と結びつくことになる。前者が基本権の価値を社会的圧力からの自由に見出すのに対して、後者はまさにこの社会的圧力の行使を望み、それにより個々人の形式的自由を克服して、万人の実質的自由を確保しようとするのである。

ところで、この争いが起きているのは、基本権が既に確固とした憲法上の財産となっている西欧諸国においてである。共産主義世界の場合には、基本権は実定国法の中に取り込まれており、もはや個人的権利としては現れない。これに対して発展途上諸国は、いまだ行政国家の初期段階で硬直しており、そこでは市民社会や自由権を「解き放つ」までに至っていない。

このような状況にある中で、基本権の起源と意義そして今日的課題を改めて考察することは無駄ではないであろう。この小著はそのためのものである。ここでは、歴史学上・法律学上の個々の問題をこえて、近代国家における基本権の位置を全体的に把握し評価することがねらいであるが、たんに基本権の歴史的遺産の分析にとどまらず、基本権の今後の意義と発展に関する問題をも提出したいと思う。

第一章ではまず、一八・一九世紀における人権と市民権の誕生、すなわち、人権と市民権を生み出した社会的力と法的構成原理、人権宣言と基本権の諸条項への影響、さらにこれらすべての背後にあって統合的な力を有した新しい自由の理念について述べよう。

第二章では、近代国家における人権と市民権の構築過程を叙述する。すなわち、それらの憲法上の基本権という形態での具体化、法原理から具体的請求権への発展、さらにはその中に内包されていた自由概念そのものの問題が、並行して登場してくる過程を検討したい。

第三章では、基本権の理解およびその有効性をめぐる今日の危機的状況を取り扱う。ここでは、自由主義的な自由権と社会的な請求権の相克の問題から始めて、国家活動の拡大とそれに伴う個人の自律性の縮小によって生じる諸問題を検討しよう。

最後に、冒頭のテーマに再び立ち帰り、基本権の中に現れている自由の理念を問題にしたい。この問題は人間による人間の包括的・技術的な操作の時代において、——近代の政治的・産業的革命という問題をはるかに超えて——今まさに先鋭化しはじめている問題である。

# I　展開——身分的諸自由から一般的自由へ

個々の人間と集団の、諸自由・特権・固有権は、革命前の旧社会にも存在していた。だが、人権と市民権、すなわち憲法の構成部分としての基本権は、近代革命の中ではじめて闘い取られ貫徹されたものであった。我々は、身分制社会の伝統的な具体的諸自由が、人間の一般的自由として捉え直され組み替えられる局面においてはじめて人権と市民権を問題にすることができるのであるが、まさにこれこそは、一八世紀の人権宣言とそれに付随した啓蒙自然法論[2]の中で起った出来事であった。

さしあたり、この出来事の新しさ、つまりその後の時代への指標とも言うべき特質を明らかにしておこう。新しい人権の特徴として、ここでは次の四つの特色をあげることができる。

第一に、それは包括的で普遍的である。人権は、具体的な「この人」または「あの人」にではなくすべての人間に当てはまる。フランス人、スペイン人、イギリス人にではなく人間一般に当てはまる。当時の自然法論者が述べたように、人間の顔をもつ者はすべてこの権利の担い手である。ここには民族、身分、階級による区別は存在しない。のみならず、不自由人と自由人の区別、支配される者と支配する者の区別も、人間の本性に依拠したこの権利主張の前に崩れ落ちる。

第二に、これは個人の権利である。この権利の担い手は個々の自由な人間であり、身分制社会の集団、社団、共同体ではない。個人は彼の身分に属することによって権利を手に入れるのではなく、直接に個人、つまり人格（person）として、彼の諸権利を有する。たとえ特権を持つ身分に属していなくても、人間社会で無名のとるに足らない者であっても、彼は権利を有しているのである。

第三に、人権は生来の前国家的権利であり、人間の本性から直接に発するものである。国家はこの権利を与えたり創り出したりすることはできず、承認することができるのみである。憲法は人権を単に宣言するだけであり、創設するのではない。なぜならば、人はその始源的権利を身分や階級から受け取るのではなく、また国家の承認や憲法の形式的な押印によって受け取るのでもないからである。

アメリカの革命家達が述べたところによれば、人間は始源的権利を持っており、これは人間とともに生まれる生来の権利（native right）である。しかもここでの人権は、社会形成の所産などではなく、むしろあらゆる政治社会の構成要素である。いかなる国家もこれらを無視したり抑圧したりしては存立できない。

第四に、人権は、その起源と個人的性格からして、国家に対する請求権である。人権は国家以前に存在する個人の自由領域の尊重を国家に対して要求する。国家は好き勝手に振る舞うことはできず、個人の自由の本質的領域に介入することは許されない。介入が許されるのは、厳格な法的制約下においてのみである。要するに、市民は国家権力に対して不作為請求権を主張するのであり、この権利は個人の自由と自足という「より古い」自然権に基づいている。すなわち、人権は隣人と社会に向けられたものではなく、厳格な意味で、国家に向けられているのである。ここでの人間の権利主張とは、国家の禁欲義務に他ならない。

人間の諸権利に関するこの教説が当時いかに新しく革命的だったかは、旧社会の構成原理を一瞥すれば明らかである。むろん、諸権利と諸自由をめぐる闘争は旧社会でも大きな役割を演じていた。そこで人々がいかに嫉妬深く頑強に、身分的権利・特権・平等・不平等を守り通そうとしたかは、歴史資料がいたるところで教えている。けれどもこの自由と平等は、一九世紀の諸憲法におけるような個人の一般的自由・平等ではなかった。これは、自由かつ平等とみなされた抽象的人間と結びつくものではなく、具体的な人間と特定の人間集団に付着したものだった。言い換えれば、そこには特定の諸自由と諸平等は存在していたものの、普遍的・自然法的根拠によって個人と結びつけられ、国家を名宛人とした人権の自由と平等は存在していなかったのである。

すなわち、旧社会は一つの身分制的世界であった。そこでは、一人の人間は、まだ個人として登場せず、大小の諸秩序の中にあった。つまり家や部族的結合の一員として、貴族、聖職者、農民、市民の生活様式の枠内にとどまっていた。我々の社会では、原則的には人は自らの場を常に選ぶことができるが、旧社会ではそうではない。出自、慣習、境遇が個々人をその身分に結びつけ、同時にその結びつきが社会秩序の構造を規定していた。

個人が自分の好みによって身分から抜け出したり、農民でありながら戦争と政治に関わったり、騎士でありながら商売や営業に携わったりするといった考えは、ヨーロッパ旧社会の人々にとっては全くなじみのないものであった。それは丁度、出自や伝統だけで生活上の役割が規定されるという考えが、我々にとってはおよそ疎遠であるのと同じであった。

最近の中世研究で明らかになったように、この政治秩序の構成要素はすでにグルントヘルシャフト〔3〕の構造に、より一般的にいえば、土地所有者と土地耕作者の関係の中に基礎づけられたものであった。ここで決定的に重要なのは貴族であり、彼は支配身分そのものであった。というのも彼は、自らのうちに固有の政治的諸権利を備えた人々の全階層を集約しているからである。貴族のみは、近代的意味においても自由であった。マグナカルタ〔4〕以来の自由保障と権利宣言はいずれも貴族と結びついたものである。農民層、市民層、奉仕身分は、政治的な事柄にはただ間接的に、つまり役務とそこから生じる保護請求権によってのみ関わっていた。

彼らが政治的決定の自立的な担い手となるのは、彼らが自らの手で自らを防衛できる状況にある時、つまり他者の保護に依存しないですむ時だけであった。しかしこれはごく稀に起こったことにすぎない。スイスの誓約共団体[5]はその最も有名な例であり、ヨーロッパ史では長い間唯一のケースであった。全般的にはしかし、政治秩序は支配と財の持ち分に応じて階層づけられていた。そして個人および集団の身分との結びつきは、今日我々が経済・文化・私生活の自由の領域として国家から切り離している諸々の領域にまで広がっていた。旧秩序にあってはこれらの諸領域もまた、身分制的構造の圧力と規律の下に置かれていたのであり、またその観点からのみ理解可能なものであった。

旧社会の自由は従って、少なくとも第一義的には（啓蒙自然法論や自由主義が考えたような意味での）支配からの自由ではなかった。むしろこの自由は、支配権を行使する者とそれに服する者の具体的な権限として、つまり両者に共通の法・権利として、支配それ自体の中に根を下ろしたものであった。このような事情から、旧社会の語法では自由は、privilegium（特権）、status（身分・地位）、jus（法）と同義であった。

自由が、このような具体的意味を超えて、近代的自由理念を示唆するより一般的意味を持つ事はごく稀なことだった。例えば、グレゴリオ改革で主張されたリベルタス・エクレシア[6]や叙任権闘争[7]における教会の自由はその一例であり、ヨーロッパ君主制の下で、農民や都市市民に付与された国王の自由もその例である。これらの国王の自由は、まとまりをもった領邦の統一をおしすすめ、一体性をもった「臣下団体」を構築する際の道具となった。しかし、近代的自由の先駆けとも言うべきこれらの自由は、旧社会では決して支配的なものとはならなかった。自由はここでは具体的で歴史的な概念にとどまり、法的権限や法的保護の類義語として用いられていた。諸々の自由はなおそれ自体の中で充足し、またその身分制的秩序の中に埋没していた。

同じことが、旧社会の場合、人権の本質的構成要素である平等についてもあてはまる。ここでは平等もまた、人間の一般的な権利の平等という形式ではなく、特定の人間集団、諸身分、共同体のそれぞれに異なった「諸々の平等」の形態で存在した。ドイツでは、この構造は身分関係の法と法団体の中で、一九世紀に至るまで存続した。身分制社会の法の総体はより広い意味で、身分の法として理解できる。つまり、人間は彼の身分に属することでその身分内の権利を有し、同じ身分の者と平等となるのである。そして、社会の階層的構成は、全ての領域に等しくゆきわたった平等性を許さず、個々の階層内での平等という考えを押し進めた。例えば、一二一五年のマグナカルタにおけるバロンの平等、フランスの封建領主間の平等、ヨーロッパの国王達の同格性などは、階層的に(したがって不平等に)組織された政治構造内部における平等の事例である。

つまり、旧社会において存在したのは、人間の一般的権利ではなく、特定の人間および人間集団の特定の諸権利であった。社会の基礎単位としての権利能力をもった個人はそこにはまだ存在せず、諸権利の担い手としての諸身分や諸集団が存在していた。自然法と国家法はいまだ対立を構成せず、身分制秩序の中で一体のものであった。また、国家権力と対立する個人の権利も、通常のことと言うよりはむしろ例外的現象であった。

それでは一体どのようにして、人権と市民権の概念に際立って示されているあの巨大な思考の革命が起り得たのだろうか？　なぜ身分制秩序は存続し得なかったのだろうか？　人々はなぜ、階層と業績によって区別された具体的自由と具体的平等に満足できなくなったのだろうか？　一八世紀末になると、自由と平等への抗い難い衝動は、政治的に成長した諸国民に従来の政治的・経済的秩序に対する革命を起こさせたが、この背後には一体何が存在したのだろうか？

これらの問に答えるためには、身分制社会が、王権の興隆と集権化された国家権力の形成によってかつての社会的バランスを失ってしまったことをまず確認しておかねばならない。すでに脆くなっていた部族・諸身分・領主・都市・教会などの旧来の自己秩序機能は、地域を超えた中央権力の手に移された。貴族は旧来の保護義務を喪失し、教会はその教育的・社会的任務を国家行政と分け合わざるを得なくなった。身分制的諸権利に応じた実のある反対給付は殆ど行われなくなったので、これら諸権利はそれまでの保護委託者にとっては次第に無意味で抑圧的な重荷となり、忌むべき特権と感じられるようになった。

一方でこれとは反対に、旧世界の奉仕身分である農民とりわけ第三身分が、近代国家とその集権的な司法・警察制度の登場とともに次第に旧来の従属状態から抜け出し、新たな要求を掲げて社会の中に立ち現れてきた。

このような社会的変遷をリードした力は多岐にわたるものであった。まず、文明化の高度な進展の中で、諸々の支配権が雇用関係へと移り変わっていった過程がある。次に指摘すべきは近代初期に長く続いた宗教戦争と市民戦争である。この過程で国家はしばしば、対抗勢力間の調停者の役割を否応なく果たすようになる。国民社会が形成され、中世の超国家的で身分制的な混淆状態にとって代わってゆく。そして最後に、国家の手で制定され具体化された近代法が、秩序の統合力となるのである。

この過程は単線的なものではなかった。反動が繰り返され、旧秩序はいたるところで頑強に抵抗した。しかしながら、一八世紀後半になると、世俗的なものへの転換を求める感情が一般的に行きわたってきた。自由への新しい情熱が成長しはじめ、人々は古い社会的・政治的束縛から抜け出した。身分制秩序は古くさいものと思われるようになった。「人間は自由な者として生まれた。だが至るところで鉄鎖につながれている」[8]というジュネーヴの手職人の子ルソーの言葉は、期待で一杯に張りつめたこのような時代に投げかけられた至福千年的な標語であった。にわかに、すべての伝統的な秩序が人間の始源的自由と平等に対する息苦しい拘束と映りはじめた。この始源的自由と平等を取り戻し、必要とあらば暴力によってでも建て直そうとして、一八世紀のイギリス、アメリカ、フランスの革命は勃発したのである。そしてこの権利を永久に確保し憲法によって保障すること――これこそが人権宣言の意図だったのであり、これは爾来ごく普通に行われるものとなった。

一八世紀中期以来強まりつづけた右の動きは、多くの伝統的な思想を活性化し、自らの中に取り込んだ。だがこの動きの中に働いていたのが啓蒙主義的批判と個人の解放だけであったと見るのはいささか単純にすぎる。例えば、一八世紀イギリスのように身分制的構造が強固であった国の場合、人権の考えはしばしば旧来の特権的自由と結びつき得るものであった。[9]また、アメリカ大陸への移住者達の場合にも、彼らが本国に対して立ち上がった時、彼らはコモン・ローと中世的抵抗権の伝統の中でものを考えていた。ニューイングランド諸州の人権のカタログはイギリスの権利章典と結びついていた。ここでは旧イングランドの市民的諸自由から人間の権利（Human Rights）への一歩はわずかな距離であり、契約神学は、国家創設にあたっての神と人間の間の契約というその思想によって、ピューリタン的伝統との結びつきを可能にした。

ちなみに、これらのアメリカにおける人間の権利は、むしろ旧イギリスの伝統的な諸自由を確認し保持しようとするものであって、新しい抽象的自由理念の突然の出現ではなかった。法廷での使用のために法律家の言葉で起草されたここでのアメリカ人の人権は、ヴァージニア権利章典（一七七六）[10]ではじめて宣言された出版の自由を別にすれば、一般的にいってイギリスの伝統を大きく超え出るものではなかった。

このことは、アメリカの人権宣言が奴隷制の廃止を直ちには導かなかったことに端的にあらわれている。そもそもアメリカの人権宣言は、よく検討してみると殆どの場合、イギリス人の生得の権利を自然法的普遍的な形式によって言い換えたものであった。

では、キリスト教の伝統は、人権が初めて確たる表現によって定式化されたその時点で、どのような影響を及ぼしたのだろうか？　人権の起源は、万人の神の前の平等というキリスト教思想の中に求められるのであろうか？　なかんずく信教の自由と良心の自由は、ゲオルグ・イエリネック[11]やエルンスト・トレルチ[12]が考えたように、権利宣言における始源的権利であり、生命、自由、財産などの他の諸権利は、ここからはじめて「引き出され」たのだろうか？(1)

むろん、出自、身分、民族から独立した人間の普遍的権利という思想は、何世紀にもわたるキリスト教教育の影響抜きに考えることはできない。また、多くの権利宣言における「万物の創造主たる神」の援用には、伝統に対する修辞的な敬意の表明以上のものがある。にも拘らず、ここでは次の二点を考慮する必要がある。

第一は、身分制社会におけるキリスト教の平等思想は、せいぜい事実上の不平等に対する教育学・神学上の調整役として機能するものであったにすぎず、現実の社会関係にはほとんど影響を及ぼさなかったという点である。そうでなければ、トマス・アキナス[13]のような第一級のキリスト教思想家でさえ、アリストテレスの奴隷の公準を[14]――若干躊躇しながらとはいえ――継承したという事実は説明できない。

第二は、人権に影響を与えた近代自然法論の平等観念は、神の前の平等によってではなく、むしろ本質的には、人間の生物学的・実体的な種の平等によって基礎づけられていたという点である。ここでの消息を、ホッブス[15]以上に明晰な形で定式化した者はいない。彼は、キリスト教中世が原罪という名の下に継承した、人間の自然的不平等に関するアリストテレスの教説を根本的に批判した最初の思想家であった。批判の一つの根拠は、すべての人間に共通する生物的な弱さと依存性だった。

「我々が、成長した人間を観察して、人間の身体の構造がいかにもろいものであるか、また最も弱い者が最も強い者を殺すのが何と易しいことかを知ったならば、我々は、ある者が他の者に対して自分の力を頼みにして生まれながらに優っているとは考えなくなる。(身体の崩壊とともに、人間のすべての力、強さ、知恵は消滅する。) 同じことを相互に行う者は等しい。そして、人殺しという最も大きなことをなし得る者は、同等のことをなし得るのである。それ故、全ての人間は生来互いに平等である。現在ある不平等は市民法によって導き入れられたものにすぎない(2)」。

信教の自由もまた、人権の枠組みの中では重要なものであるにせよ、人権宣言の中では何ら中心的な位置を占めるものではなかった。この点で最近すすめられている研究はイェリネックのテーゼをはっきりと覆した。人権宣言で第一に位置しているのは、生命、自由、財産、法的安全、居住・移転の自由、意見表明の自由であり、信教の自由は第二次的なものである。ニューイングランド諸州の多くは宗派的に閉鎖的な、精神的に極めて不寛容な社会構成体であった。すでに一六三六年に、ロジャー・ウイリアムス[16]は、ロードアイランド植民地において一般的な信教の自由を宣言したが、これはアメリカ史の中でさしあたり後世に影響のない事件にとどまった。

このような事実関係から、人権宣言の成立においては物質的要因が精神的要因に優越した、と傲慢にないしは勝ち誇って結論づけるべきではない。むしろここでは、イェリネックの理論が、ドイツ観念論[17]の精神主義の中で、具体的生活秩序の中に宗教的なものが埋め込まれていることをどの程度見落としていたのかが問われて然るべきなのである。

ヨーロッパの宗教戦争において、国家権力が何よりも宗教的異端者の財産を、はてはその自由と生命を迫害したという事実を想起すれば、ヨーロッパ宗教戦争からの亡命者達が新世界アメリカにおいて、まず第一に生命、自由、財産への危険を防衛することに努め、またそうしてこそ自らの宗教的、精神的自由を確保できると考えたことがよくわかる。

したがって、信教の自由が権利のカタログで第二次的なものとして登場していることは、史的唯物論のテーゼを支える証左でもなければその反証でもない。またこの事実は、キリスト教の信仰が守るに値する財と当初から考えられていたとしても、人権の起源が直接にキリスト教から発するとは主張できないことを示している。

このことは、人権宣言の古典的発祥の地であるフランスにはより強くあてはまる。ここでは旧社会側と人権を代表する側の間の溝は、アングロサクソン諸国とは比較にならぬほど大きかった。一方では、ボーダン[18]以来少なくとも理論上国家内部で競合する諸権力を排除してきた国家権力は、多くの地方的な諸権力と伝統的な身分的諸自由を一律に平準化するとともに、法的に均質化された臣民団体を国王の最高権力に直接対置することにやっきになっていた。他方では、自然法的に基礎づけられた国民主権論の同様に過激な反撃がこの動きに拮抗し、主権的個人の名において既存秩序にゆさぶりをかけた。一方には教会、都市、貴族の団体的諸自由からなる旧世界があり、これに対して個人の全面的解放をめざす怒濤のような意志が向い合っていた。この意志は、まず精神的・宗教的領域で、次に社会的・政治的領域での解放をめざしていた。こうしたフランスの状況下では、イギリス型のモンテスキュー[19]の中庸的な解決は、すでに革命以前にうち棄てられていた。最も激しくこれを行ったのはルソーである。ここではあらゆるものが国家と個人の対立に行きつく。したがって、人権と市民権の表現もまた新しい綱領的性格を帯びる。アメリカ革命におけるように、埋もれている法価値を伝統から引き出して再生することが主眼となるのではなく、死に体とみなされた伝統を超えたところで、自己形成力を有する一般意志が生み出す新たな作品として人権が登場するのである。歴史はもはや理性的秩序を生み出す助産婦ではない。逆に理性自身が歴史の新たなアイオン（永遠性）を生み出すのだ。アメリカの独立宣言にあっては、かすかな響きにとどまっていた新時代の宣言（novus ordo saeclorum）は、フランス革命においては手の届く現実となった。人々は新しい年代計算法や新しい一〇年暦（革命暦）を選択して意識的に過去との決別を図り、新たな時代の始まりの比類のなさを強調した。

個人主義的で解放主義的な人権の流れは、このようにしてフランスでその最初の世界史的成果を獲得したが、理論面ではドイツ観念論の初期哲学において今一度その高まりに達した。同時にまた、この運動の社会的な駆動力も明白なものとなって来た。いたるところで旧来の固定的な生活秩序への不満が示されるとともに、人々は、組合であれ、身分的拘束であれ、政治的な諸秩序であれ、教会による束縛であれ、あらゆる旧秩序から脱出することを欲しはじめる。いたるところで個人の解放への意志が目覚めた。この意志は、締めつけられて来た個々人の単純な自由への願望や、経済的な力はあるが政治的にはそれに見合った権利を持たない階層の傷ついた自己感情によって担われていた。国家権力に参画したいという市民層の意志は、自分達が経済的・文化的に勝ち取ったものを国家権力の介入から守ろうという願望と混ざりあった。自分の労働と勤勉によって手に入れた自足・自律への誇りが、自由と財産を上からの侵害から守るとともに下から追い上げてくる社会的圧力からも守ろうという意志と手をとりあって進んだ。政治秩序に関わるすべての問題はかくして、個人の自由と国家権力の対立の問題へと収斂し、人権は市民的自律と国家の処分権限の間の境界線をさし示すものとなった。

こうして、人権の理論の中に新しい精神が流れ込みはじめる。古典的な自然法からははっきり区別された近代自然法の精神がこれである。近代自然法論はもはや古い政治理論における義務倫理の伝統によって立つことをしない。またこの自然法論は、権利と義務の二重性を視野に入れることもなければ、人間の生存の場となる具体的な社会秩序と生活秩序を前提にすることもない。近代自然法論は個人から出発する。この個人は、前社会的な存在として観念されるとともに、「自然的諸権利」を持った個人である。彼は諸々の任務や義務から全く解き放たれており、国家に対してもっぱら権利をもって対峙する。このことは、人権と市民権の理論および実践の両面で大きな意義を有するものであった。アメリカの一時代前の人権論が、なお、「人間にとって基本的な生活領域を実効的に確保すること（ショイナー）[20]」から出発したものであったのに対して、ここでは、人々は自然法的に措定された一般的自由の領域から出発する。国家はこの自由の領域に対して、ただ外から（それも明文の法による権限にもとづいて）介入することが許されるにすぎない。

人権は、具体的かつ歴史的に生成した諸自由の保障からひとつの普遍的自由が個別化したものへと転化した。この自由は、原理として論理的に前提されたものであって、具体的な諸々の生活秩序からははっきりと切り離されたものなのである。

疑いもなく、このような抽象的自由を高く掲げることによって、個々人のすさまじい上昇意欲の力が解き放たれた。今や、誰もが自分の幸福の鍵を握り、その能力を自由に呼び覚まし発展させることができる。誰もが「背嚢に自分の元帥杖」を持っているのだ。旧い身分による区別は崩れ去った。法的に平等な者からなる社会が展開しはじめる。個人はその身分に依存せずに国家と対峙する自律的な権利主体となった。旧来の身分理論においては、個人の権利能力は社会の身分制秩序に結び合わされていたのだが、啓蒙自然法論は歴史上はじめてこの身分理論を克服し、個人の存在を法的に承認することを推進した。クリスチャン・ヴォルフ[21]はかくして、個々の身分の背後に、人間を法的人格たらしめる一般的権利能力、すなわち市民法上の権利・義務の担い手として人間を社会的に特徴づける一般的倫理的身分ともいうべきものを承認した。

このようにして、個人（Person）という法概念が近代民法典の中に登場し、一八一一年のオーストリア民法典の中で最もはっきりと次のように定式化される。「いかなる人間も、理性のみによって明白な生来の権利を有しており、それ故に個人とみなされる。」

しかしながら、これらすべてのことは他面で、人間が対人関係においてあらゆる者から何の拘束も受けないことを宣言し、隣人の権利をもはや承認しないことの代償としてもたらされたものであった。

「法の基本理念は、『私は自由だ』『他のすべての人々も自由だ』という二つの命題の承認と結合の中にこそ含まれている、という主張が自他の区別なく病的なまでに強調され始めた。……契約は、不法行為とならんでこの時代全体の第二の主要概念となり、またならざるを得なかった。契約における当事者の自由な合意によってのみ、無権利の故にいったん分離されたものが、各々の自由を損なうことなく再び結びつくことができる。だが、このような支えとなる法的根拠を欠く場合には、人間はお互いに、必然的に分離されたままである。(3)」

Ｆ・ｖｏｎ・ヒッペル[22]は、こうした考え方を示す様々の例証を、一八世紀後期・一九世紀初期のドイツ自然法論の文献の中から抜き出している。二、三のとりわけ特徴的な個所を引用しよう。

「何人も、他人の人格と財産に対する始源的な権利を有していない（Ｊ・Ｇ・ビューレ、一七八九）」

「私が他人の福利のためにどれほど自分の力を用いるべきか、また誰に対してその善行を行うべきかについて、私に指示を与える強制権は何人も有していない（モーゼス・メンデルスゾーン、一七八三）」。

「自然の始源的状態においては、人は他人が自分に苦痛を加えないということ以上のことを他人に強要することはできないこと、つまりこの始源的状態における完全な権利と義務はすべて消極的なものにすぎないことが、やがて自明のものとなるだろう（Ｊｏｈ・Ｇ・Ｈ・フェーダー、一七七〇）」。

個々人の自然法的な自由は次第に、国家からの自由、つまり非政治的な留保の自由として理解されるようになり、アングロサクゾン諸国やオランダ、スイスの自治体民主主義に見られるような国家統治への参加・参与の自由としてはもはや理解されなくなった。この基本的傾向は、とりわけ革命の大きな波が引いた後の一九世紀のフランスや同時代のドイツではっきりしてくる。市民(Bürger)はここではブルジョア（Bourgeois）になり、基本権は、私的な放縦を守る防壁へと後退する。市民的自由と政治的自由は分離され、政治的自由は市民的自由にとって重要なものとは考えられなくなる。人々は、潜在的に全権力を有する国家から私法上あるいは基本法上解放されていることに満足し、それ以外には個人的な営業の自由の保障を要求するにすぎない。

したがって、人権の運動が躍進を遂げて以来、個人主義的請求権の行き過ぎに警告を発して、人権は単に国家からの自由を保障するだけではなく、同時に社会秩序の結合にも仕えるものであることに注意を促す発言は少なからず存在した。早期の例としては、クロムウェル[23]の娘婿アイアトンの発言がある。彼は軍の将校会議における憲法制定審議の席上で、基本権と憲法とは相互に補完し条件づけ合うものであって敵対するものではないという意見を時代に先駆けて述べた人物であった。アイアトンによれば、基本権を自然法から導き出す必要はない。むしろ全ての基本権は実定憲法によって十分に根拠づけられるものである。曰く、「憲法なしに基本権の保障はなく、市民に対して保障された基本権なしに憲法はあり得ない。(4)」

これと似たような形で、その後ミラボー[24]は、人権をDroits fondamentauxの伝統即ちフランス王国の基本法と憲法の伝統の中に組み込もうとした。つまり、フランス人権宣言[25]が「社会における人間の権利（Droits de l'homme en société）」を語ったとき、そこでは、国家からかけ離れていた当初の発想に対する修正が施されていたのである。相応する義務のない権利というものはありえないということもまた繰り返し指摘された。一七八九年のフランス国民議会において、司教達は人権宣言に並行してこれに相応した義務宣言を作ろうという空しい努力を試みたが、彼らのこの姿勢も同じ流れに沿うものであった。

一九世紀になると、人権は市民的エゴイズムと個人主義の表われであると繰り返し批判されるようになる。その最も顕著な例は、カール・マルクスの「ユダヤ人問題に寄せて（一八四三）」の次の一節である。

「いわゆる人権はどれをとっても、利己的な人間を超え出るものではない。ここでの人間とは、市民社会の成員でありながら、自己の私的利益と私的恣意に閉じこもって、共同体から切り離された個人である。市民社会における人間は、類（Gattung）的存在として把握されないばかりか、むしろ、類的生活そのものである社会が、個人に対するよそよそしい枠組みとして、人間の本来的自立性に対する軛《くびき》として立ち現れるのだ。(5)」

当時これらの意見は、誰の耳にも殆ど届かずに消えていった。新しい理念の力は余りに強力で、人権が国家の無制約の権力と身分制的頑迷の力に対抗してもたらした進歩は、余りにもめざましいものだったからである。ロマン主義、保守主義、社会主義陣営からの反論は、人権の伸張をほとんど阻止することができなかった。生物主義的・集団主義的思潮も力強く広がってはいたものの、人間の合理的本性という定理、時空を超えた人間の普遍的権利という定理を打ち負かすことはできなかった。世紀末になると、啓蒙主義の楽天的で新たなものに対する溌剌とした気分は後退し、鬱々とした雰囲気が支配的になったものの、市民主義的文化はなおそのダイナミズムの高まりを維持して全世界に広がっていった。こうして、ルドルフ・ゾーム[26]のような鋭い批判眼を持った法学者でさえ、一九世紀末には、西欧の法文化における自然法と人権の勝利をはっきりと断言したのであり、またプロレタリアートの運動さえも、その最も明晰な理論家を退けてこの伝統に忠誠を誓い、彼らの闘争歌を「インターナショナルは人権を勝ちとる」というリフレインで結んだのである。

理由は明かである。一八世紀の人権において、理性という本性によって特徴づけられた存在としての人間自身を、歴史の主体・主人公にしようと努めてきた運動が頂点に達したのである。

だがこれは一つの恐るべき還元を代償にしてのみ可能になったものであった。つまりここでは、人間は、具体的な社会性や生活関係から抽象された存在であって、もはやビュルドーのいう「状況づけられた人間（homme situé）」として、――つまり、子供として、夫や妻として、貧者や富者として、黒人や白人として、弱者や強者として、フランス人やイギリス人として――把握されてはいない。ここでは、すべての民族・身分・生活形態をあたかも偶然の仮面のように看做し、その背後にある不可侵の人間の本性とその権利に視線が注がれているのである。

これは強引な抽象である。しかし、まさにこの抽象によって人類史の新しい次元が明らかになった。つまりここに現われる産業社会は、もはや出自や身分によってではなく、労働と民主的上下関係によって基礎づけられる社会なのである。

ニューヨークのエンパイアステートビルの上から、マンハッタンの建物が異様に林立する光景を見下ろし、あらゆる民族・宗教・社会階層の人々の慌しくうごめく大群を一度でも見たことのあるものは、国家的伝統のない国において、人権がいかなる統合力を発揮するかを直接肌で感じることだろう。ここではまさに、抽象的なものが具体的になり解放的なものが結合的なものを生み出している。国家の保護・後見からの自由は、何百万の人々に、尊大で狭量な祖国に別れを告げさせ、権利と自由の新しい故郷へと向わせる強力な磁力となっている。

かくして、アメリカ革命から第一次世界大戦に至る時代は、人権と市民権の最初の大きな発展の時代となった。アメリカの権利宣言と一七八九年のフランスの宣言からは、一九・二〇世紀の憲法における無数の基本権のカタログが枝分かれした。この過程で人権は、次第に道徳的要請から具体的で実行可能な市民生活の保護手段となり、基本権として、憲法の確固たる構成部分となった。

同時にしかし、人権の起草者達が全く予期しなかった新たな諸問題が生じてきた。その社会的爆発力は、二〇世紀になってはじめて露わになって来るのである。

## II　拡大——基本権としての人権

一八世紀は人権が生成しほどばしり出た時代であった。これに対して一九世紀は、部分的には二〇世紀も含めて、その拡大と実定化の時代であった。当初は——とりわけフランス人権宣言において——燃え上がる炎のような叫びであり道徳的な呼びかけであったものが、今や国家立法上の冷めた言語へと姿を変えた。人権は基本権となったのである。

先駆となったのは、被治者の個人的自由権を一七ヶ条にわたって憲法典に取り入れた一七九一年のフランス憲法であり、一七九三年には三五ヶ条に拡充された人権のカタログである。その主要な構成要素は、より慎重な言いまわしをとった一七九五年の憲法と一八一四年の憲章でも維持された。法律の前の平等、徴税および公務・軍役就任にあたっての公平な取り扱い、信教および表現の自由、さらには財産の不可侵——これが「フランス人の公権」として勝ち取られた市民革命の恒久的な成果だった。

この市民革命の成果はドイツにも影響を及ぼし、三月革命前期[27]の二、三の領邦で西欧型の憲法が誕生した。むろんここには、人権宣言の自然法的情熱からはすでにほど遠いものがあった。個人の諸権利は、臣民関係もしくは公民関係の流出物として現れ、かつ国家に対する市民的義務の対語として理解された(6)。例えば、一八一八年のバーデン憲法は、冒頭に納税と軍役に対する市民の一般的義務を置き、その後ではじめて自由通行権、財産権、および人格的自由権を列挙している。多くの基本権は伝統的な、とりわけ貴族と教会の諸権利と諸特権によって制約されたままであり、上院は、旧い諸自由が普遍的な公民の自由の中にたちまち埋没し消えてしまったりしないように監視していた。それにも拘らず、市民の基本権を承認することは、旧来の口やかましい福祉国家[28]を乗り越える大きな一歩であり、それ故に、政治的自由主義の範域をはるかに超えて人々の賛意を博した。一八一五、一六年にヴュルテンベルクのラント諸身分[29]が、国王から提示された憲法とそこに盛り込まれた基本権を拒絶した際に、この振舞いに抗議してヘーゲル[30]は次のように述べている。

「臣民の諸権利と諸義務は、ライヒ諸身分が排斥することの決して許されない国法上の基本原則である。これは国民の基礎的な公教要理[31]（Katechismus）を形作るものであり、教会の石版にかけて……学校と教会の授業の必修項目とさるべきものである」。

事実、西欧的伝統における最も重要な基本権諸規定は、一九世紀の歩みの中で、殆どすべてのドイツ領邦国家の憲法に普及した。オーストリア、なかんずく一八一五年以降のプロイセンが示した躊躇も、右の発展を一時的に妨げることができたにすぎない。しばしば見過される点であるが、パウロ教会の基本権草案[32]の挫折すら、基本権の凱旋行進を長期的に阻止するものではなかった。一八七一年以降の帝国立法をフランクフルトの基本権と比較してみると、その要求の大部分――法律の前の平等、身体と財産の不可侵、出版の自由、結社と集会の自由――がすでに帝国立法の中で事実上実現されていることが明らかになる。

人権を国家の法律の上で現実化することは、一九世紀ヨーロッパにおける憲法発展の標識となった。もっともこのことは、権利宣言のそもそもの意味内容に根本的な変化をもたらすものともなった。最初の権利宣言が個人の請求権であり、国家の全能に対する抵抗権と自然法的伝統に支えられた闘いの宣言であったことが、ここでは想起されて良い。トーマス・ペイン[33]流に言えば、これらの諸権利は人類の一体性に基礎をおくものであり、すべての人間が単一の身分を持って、つまり同じ自然権を持って平等に生まれて来た、という事実に基づくものであった。この生来の権利の名において、人々は国家に対して市民的諸権利を要求したのである。そして、自然権の総体とも言うべきこれらの市民的諸権利は個々人のうちに予め存在してはいたが、ただこれを実効あらしめるには個人は余りにひ弱だったのだ、と解されたのである。

徹底して個人主義的なこの理論は、ドイツでは、ロテック、ヴェルカー、プイツァーなどの初期自由主義者達の場合になお余韻をひいた。例えばロテックは、権利の代弁者たる国家は、そもそもその構成員が持っている自由を承認すべきものである以上、自由のための権利を語ることは馬鹿げていると考えた。プイツァーはまた、全ての人間にとって不可侵の「純粋に人格的で生来的な権利の個人的領域」を主張した。彼によればこの個人的領域とは、「生来彼に帰属するすべてのもの、すなわち、彼の精神と肉体、およびあらゆる力と活動と自然な形態を伴う人格の表出の一切を包括するもの」である。これに対してフリードリヒ・リスト[34]は、そのヴュルテンベルク憲法[35]の草案の中で、人権の章として「生来的権利の特別の契約的確認」という標題を選んだ。彼によれば、自然権の場合と同様に、人は自らの課題と義務を直接人間性から引き出すのであって、基本権を保障する国家は、権利のやむを得ざる受託者・補佐人の役割を果たすにすぎない。

しかしながら、この人権の理念は、世紀の半ば頃から人々の心を離れはじめた。基本権は、時間を超えた人間の「生来の権利」から流出するものではなく、国家的一体性のための構築と結合の手段であるという理解が、憲法上の基本権の表現においてのみならず、理論の上でも今や一般的になってきた。歴史法学派はすでに、すべての人間の生来の権利という理念自体を相対化してしまっており、一八四八年の革命が挫折に終った後では、基本権を国家的見地から把握し、――ドロイセン[36]が一八三一年にすでに表現していたように――基本権の目的は「国家の手によって人格を自由にまで高めること」にあるとする考え方が一般化してきた。これは同時に、実定法による基本権の具体化が、今や新たな意義を持つに至ったことを意味した。法律上の施行規則を欠いた一般的宣言はもはや無意味であると考えられた。実証主義的な時代精神と、哲学的理念に対する一般的な懐疑の雰囲気の中で、基本権は色褪せ、国家行為に対する単なる規制的理念にすぎないものとなった。自然法の炎は消え、法治国家的行政の原理にむけられた開明的国家の自己規律が後に残った。

ゲオルグ・イエリネックが一九世紀の末に試みたのは、実証主義によって解体された基本権理解の廃墟の中から、市民権の普遍的内容を救い出して新たに構築することであった。彼はカントのアプローチを発展させて、国家における市民の地位を消極的地位・積極的地位・能動的地位に類別した。消極的地位とは、国家から自由な個人の領域を創り出すことである。ここには、市民階級が一八世紀の革命の中で、暴政と官憲的な保護・後見に対する人権の為の闘いの中で勝ち取ったすべてのものが取り上げられている。積極的地位の中には、権利保障と並んで、市民に対する国家の積極的給付の保障が含まれている。ここにはドイツ社会運動に由来する社会的基本権が、国家行政による社会政策的活動および市民利益の充足の保障にむけられた請求権という、ドイツ特有の形式で盛り込まれている。最後に、能動的地位においては、市民は特に選挙権の行使によって国家意思の形成に参与する。ここで念頭におかれているのは、アメリカの伝統では狭義の人権と区別して市民権と呼ばれ、フランスの場合には人間の権利（Droit de l'homme）と区別して市民の権利（Droits de Citoyen）と呼ばれたものである。

つまりイエリネックは、歴史学的考察と国法学的考察を統合することによって、西欧的自由の伝統の実質的内容と、ドイツの官憲国家・行政国家の伝統を融合させようとしたのであった。むろん市民を拘束し義務づけるところの国家法は、彼の場合にも法律学上の出発点であり続けた。だが、イエリネックのような歴史的炯眼を欠いたそれ以後の法理論は、基本権のうちに、「共同体の福利」を享受できる当然の権利だけを見出すとともに、問題を個人と行政権の対立に還元してしまった。例えばアンシュッツにとっては、[37]基本権は「法律による行政の原理の決疑論的に把握された説明」[38]であるにすぎない。基本権は行政法上の問題となり、その政治的意味は失われた。つまり、かつて個人の自然法的な自由への意志として出発したものが、今や国家による支配が自発的に自己制限を行ったものへと転化し、下から勝ち取られるものではなく上から容認されるものとなった。基本権の国家法への統合が徹底したものとなった結果、国家法への組み込みなしには基本権は実体のない影のような存在であると一般に考えられるようになった。国家の手で与えられる承認は、個人的請求権の持っていた自然権的・闘争的な起源をほぼ完璧に排除してしまったのである。

むろん、全体としてみれば、以上のことは人権の伝統に対する市民の関係についてのみあてはまる。一九世紀の法治国家はすでに、市民層の要求の主要な部分を認めていた。基本権は、民法や刑法や行政活動の指導的な公準となっており、市民の自由と活動の諸領域は国家法によって守られていた。

しかしながら、一九世紀中葉以降、労働者達もまた自分達のために市民と同等の権利を要求しはじめた。彼らは、個人的な自由権の主張にとどまることなく、これを越えて労働者階級全体のための集団的権利を要求した。この権利要求は、市民層が一八世紀の革命によって勝ち取り、一九世紀の民法典の中に実現したあの自由主義的自由とは真正面から対立するものであった。この要求はまた、国家が経済的弱者の為に、自由の濫用に対して何らかの手を打つことを求める訴えでもあった。――だがこの国家はまさに、自由主義の運動が首尾よく飼い慣らすことに成功して、基本権の諸原則の厳守を義務づけたばかりの国家だったのである。

こうして一八四八年から第一次大戦に至る時代には、殆どすべてのヨーロッパ諸国で、もはや個人的ではなく社会的な性質をもった基本権の要求の新しい戦線が生まれてきた。これは、まず一八四九年に宣言された労働への権利からはじまり、労働者の団結の自由と集会の権利をめぐる闘いを経て、古典的な自由権の無制約な財産概念に制約を加えようとする収用と社会化をめぐる努力へと展開した。ここに掲げられた諸要求は、ごく部分的にのみ、伝統的な基本権体系と適合するものであったにすぎない。むしろこれらの諸要求は、国家的に保障された自由主義的な自由権の構造を粉砕しかねないものだった。

基本権はかくして二つの側面で苦況に陥った。すなわち、一方では法実証主義によって基本権の政治的意味内容が解体させられ、他方では社会保障への強い願望が、基本権の最大の社会的推進力であった個人的自由への欲求を萎縮させはじめたのである。

フリードリヒ・ナウマン[39]が、「国民に納得できる基本権」という構想をもって登場したのはこのような状況の下においてであった。ナウマンによれば、基本権は、新たな民主主義国家の基本的内容を、簡潔な「国家的信念」として、含蓄ある形で言い表わすべきものである。法学的専門用語の狭隘さと自由主義的・個人主義的な自由概念の一面性は、いずれも避けられねばならない。ナウマンは次のように主張する。

「革命は世界観的思考を必要とする。基本権の大部分は、政治的勝利の記録であり、いわば、政治的・社会政策的闘争における勝利者が勝ちとったものを和平の締結にあたって公式に表明した記録である。……一つの国家的信念への要求、すなわち道徳的必然として成長して来た民主的自由国家ドイツへの要求が、必ずや存在するに違いないと私には思われる。これは単なる法的定式化にとどまらない、国家的叡智と国家的先見性に対する要求である。」

だが、ナウマンの試みは失敗に終わった。彼がその国民的公教要理の主張でもって追求したねらいは、ごくわずかの政治家と法律家に理解されたにすぎない。人々は通俗的言い習わしのようにきこえるナウマンの表現を嘲笑した。事実ナウマンの多くの発言は、――例えば次の言葉に見られるように――余りに頑固でナイーヴな意図に出たものという印象を人々に与えた。

「すべてのドイツ人は、国民に値するものであり続ける限り、民族の宝である。……国民の存続は国家の目標であり、子供の数の増大は民族の力である。……ドイツ国民は一つの統一体であり、またありつづける。……宣戦と和平は国民的事項である。……外務省の任務は誠実な平和の精神によるものでなければならない。……秘密政治はもはや存在しない。……我々は、我々を尊敬するすべての諸国民を尊敬する。(7)」

しかしながら、おそらくナウマンは、ワイマール国民議会の政治家達の中で、新しい大衆的・社会的な精神によって基本権を表現する必要があることを最も鋭く感じ取った政治家であった。この時すでに、社会発展は個人の解放というかつての精神を置き去りにして進み、自由の実定国法への統合はその自由主義的な衝撃力を打ち砕いてしまっていたのである。

ワイマール憲法の国家は、革命的起源をもち、その綱領は社会的なエートスに結びつけられてはいたものの、本質的にはなお古典的・自由主義的意味での権利保障国家にとどまっており、個人の意思領域と国家の意思領域との対立にもとづいて組み立てられていた。このことは基本権の把握にも妥当する。個人の生活領域が自律したものであることを前提とするこの国家は、社会生活の受託者・保証人ではあってもその主体的な形成者ではないと考えられ、したがって社会秩序に形成的に介入することを原則としてさし控えた。ワイマール共和国がこの憲法上の禁欲を最後まで貫く事ができず、ルール占領、インフレ、その後の経済的危機と続く時代に拡大した社会的・経済的混乱の中で、次第に社会への介入と調停を余儀なくされ、遂には包括的な生存配慮を強いられるに至ったという事実は、また別個の事柄である。――けだし憲法に掲げられた法治国理念と基本権理念からみれば、これらの歴史的事実は、余りに困難でそもそも解決不能な問題を提出するものだったからである。

むろんワイマール憲法の構図の中にも、国家と個人の間の枠組の変動を予示する徴候を見出すことはできた。宣言的なものにとどまるとはいえ、社会綱領的諸条項には、確かに社会的な義務の強調によってエゴイズムの容認を抑えようという意図が示されていた。古典的な自由保障と社会的な憲法律とは、ここでは互いに抑制し制約し合う緊張にみちた相互関係の中におかれた。

だが、この矛盾・対立に関する明確な意識や、新たな基本権理解・国家理解によってこの緊張を克服しようという努力は生まれなかった。自由主義的自由権は、補充的な社会的諸規定に対してなお優位を保ち続けた。企業団地立法と社会化立法[40]の運命は、このことを明瞭に物語っている。

矛盾が露わになったのは行政の場においてである。ここでは、政治秩序の重大な変化が法的拘束の上での変化を伴うことなしに、端的に行政の給付機能の膨張・拡大によって生じてきた。一九二九年の危機とそれにひき続く革命的衝撃の中で、公的給付と富の配分という国家の任務は、社会的現状の単なる保護者としての、自由主義的類型論に対応した国家の中立的役割が疑問視される程に大きなものとなった。全ドイツの公企業（ライヒ、ラント、自治体、国有鉄道、国営郵便）のシェアは、一九一三年には国民総生産の二九％を占めるにすぎなかったのに対して、一九三〇年には五三％を占めるようになった。半分以上の国民所得の配分の場面で、そもそも経済とは無縁な意思、つまり国家意思が市場メカニズムにとって代わった。(8)

この数字に示された国家行政の膨張は、行政の構造的変化を伴うものであった。圧倒的に多くの場面で国家は、もはや――自由主義秩序モデルにおけるように――自由と財産の侵害を介して市民と向き合うものではなくなった。国家はむしろ、必要不可欠な給付の提供者として市民と向き合うようになった。国家とは何かという問いへの答えの相違がここではじめて明らかになる。すなわち、かつての基本権論における個人は、自由と財産に対する国家の介入から守られるべき自律的で自足した個人であったが、これに代わって、国家の援助をあてにするだけでなく、否応なく国家の援助に依存せざるを得ない個人が登場してきたのである。この個人は、法治国家的憲法が想定した社会的諸条件をおよそ享受することのできない存在であった。憲法が基本権の章に掲げた自由の保障は空虚なものとなってしまった。

右の問題は、三〇年代の革命的状況の中で認識されたものの、少なくとも現に妥当している憲法秩序の場面では、もはや解決できない問題であった。むしろここでは、増大する社会的窮乏や、社会の急進化とこれへの国家の対応とが合流するところから生まれた力学が憲法自体に襲いかかり、その法治国家的正当性を次第に掘り崩し解体しはじめた。憲法はその統合力と秩序化の力を喪失し、立法国家と行政国家は相互に分離しはじめた。この観点から見る限り、社会の分解の結果生み出された全体的行政の憲法上の完成を「全体国家」のうちに求める（C・シュミット）[41]か、さもなければ、行政に関する憲法原理を、もはや自由と財産の侵害に対する基本法的保障の中ではなく、生存配慮[42]に対する一つの公権のうちに見出そうとする（E・フォルストホフ）[43]ことのいずれかが首尾一貫するように見えた。この二つの主張はいずれもワイマール共和国の憲法秩序の枠組を超え出るものであった。

第二時大戦後のドイツにおける憲法の展開は、以上のような三〇年代の問題を継承せず、むしろ人権と市民権という自然法的な出発点に断固として立ち戻った。他の国々では、自由主義的意味での自由権は、社会国家的定式の背後に退いて殆ど見極め難いものになっているにも拘らず、ドイツではこれがふたたび人間の基本的権利として布告され、不易の憲法上の権利としてボン基本法中に実定化された。これは、現代憲法史を扱う本章においてたんにドイツだけにとどまらない重要性をもった問題であるので、以下、少しばかり立ち入っておくことにしよう。

前国家的な自然権・人権として基本権を把握しようとする、第二次大戦後のドイツに広がった断固たる姿勢には、実際驚くべきものがあった。自然権はあまりにもしばしば死を宣告された結果、到底まじめにその復活を信じたりすることができなくなっていたのではなかったのか？　我々は、過去一〇〇年以上にもわたって、基本権を国家の手による気ままな創作物と考えることに慣れ親しんできたのではなかったのか？

今や、全てがいきなり逆になってしまった。人間の国家化ではなく、国家の人間化が合い言葉になった。例えばカルロ・シュミードは、ヴェルテンベルク・ホーエンツォレルン州の憲法制定議会の席上で次のように述べている。

「一九世紀が我々の意識にもたらしたもののうちで最も重大な誤りは、人間が持っているものはすべて、国家から人間が受け取ったものであるとする考えである。……これに対して我々は、かつての原理的な理解に立ち帰らねばならない。すなわち、人間は国家以前に存在しているということ、人間の尊厳と自由およびそこから個々に派生するものは、人間たることによって彼自体に付着した属性であること、人間はこれらのものを国家から与えてもらうために国家を必要とするのではないという考え方に立ち帰らねばならない。……人間は国家のために存在するのではない。国家が存在するのは人間に仕えるためであって、自らのために人間を支配するためではない。[9]」

こうした見解は、当時、キリスト教社会理論の擁護者の世界をはるかに越えて広がり、制憲議会での審議にあたっては、キリスト教の政治家のみならず、自由主義者・社会主義者の政治家達によっても主張された。そこでの表現によれば、彼らが意図したのは、基本権が基本法を統御することであってその逆ではないということだった。また基本権が単なる宣言や指針にとどまることなく、直接の効力を持った出訴可能な権利となることであった。これは、基本権がかつて持っていた自然法的で自由主義的・個人主義的な内容の徹底した復権であり、現代世界の憲法の展開の中では殆ど例のない実験であった。

かくしてボン基本法には、人権の自然法的・前国家的特質が、初期人権宣言を思わせるような仕方で謳い上げられたばかりではなく、立法者は基本権が国家権力を実効的に限界づけ得るような配慮をめぐらした。第一条によれば、人間の尊厳は不可侵でありあらゆる国家的な法創造に先立つものである。これは法実証主義の時代からのコペルニクス的転回と言っても過言ではない。つまり、ワイマール期において基本権は立法者の裁量に委ねられており、実際には、行政の法律適合性原理の現実化にすぎなかったのに対して、今や基本権はあらゆる国家活動の尺度となった。ウイリー・ガイガーはのべている。

「法律家はもはや、基本権の制約について法律に何が書いてあるかを問題にするだけではすまない。法律家は今日、何が基本権の内容であり、何が基本権の限界であるのかを問わねばならない。こうすることによって、基本権制約を含む法律が有効であるか無効であるかが判定できるのである。[10]」

学説と判例は、基本権とりわけ人格権の事実上の妥当範囲を、今日の緊密化した社会的条件の下でおよそ考えられる限り広く、また可能な限り徹底して拡張した。とりわけ人間の尊厳、人格の自由な発展、表現の自由と財産権の保障に関する連邦憲法最高裁判所の判決は、公権力の介入を免れるべき人間の不可侵の自由の領域を市民に保障し確保することに力を注いだ。自由の形式的保障は強化された。個々人の活動領域は自由のために意識的におし拡げられ、その濫用の危険すら甘受すべきものとされた。これらは基本法が意図した秩序の延長線上にある事柄であった。つまり、基本権の不可侵の本質的内容保障が意味しているのはまさに、基本権には侵すべからざる内在的な限界があって国家はこれを恣意的に定めることはできず、この限界内では個人は自らの自律性を（たとえ間違っても）自由に行使することができる、ということなのである。

むろんボン基本法も、長年にわたって基本権と結びついてきた自由の二律背反性の問題から解放されたわけではない。このことは何よりも、社会国家概念によって今日論じられる領域との関連であてはまる。確かに、ここでは一方で、国家社会主義の不法国家の経験に鑑みて、古典的な自由権保障のカタログが立法と司法を直接拘束する格別に強力な形式の下で復活してはいる。しかしながら他方で、ボン基本法の憲法起草者達は給付行政という現実の前にも立たされていた。給付行政は、戦争のもたらした帰結と技術的・社会的な計画という新たな要請によって大きく膨れ上り、基本権によって保障される自由の領域を事実上制約するものであった。したがって、よく見てみると、基本法の中には、ワイマール憲法と同様に、法治国家規定と社会国家規定が併存していることが明らかになる。

右の二つの要素が最も鋭く衝突するのは財産権の保障という一点においてである。財産権と相続権は基本法によって保障されてはいるが、同時に社会的な拘束の下に置かれており、国家には「公共の福祉」に資する場合の収用の権利、およびより広汎な社会化の権利が――むろん法律の留保と補償義務の下にではあるが――認められている。同様の緊張関係は、ドイツ連邦共和国を「社会的法治国家」または「社会的連邦国家」と特徴づけるただ一ヶ条の社会綱領的な規[44]定の中に現れている。ここでも自由保障的な綱領と社会的・給付的な綱領が衝突している。

ここ数年来、ボン基本法の国家もまた社会生活に対する実質的な秩序形成機能を持つ国家であるということは、もはや疑いのないところとなってきた。ただし、その形成力が私的領域のどこまで及ぶものであり、憲法上保護される自由とどのような関係に立つのかという問題は今なお論争の的となっている。論者の一方が、法治国家性の実質的内容を社会的なるものの概念と緊密に結びつけて新たに定義し、法治国家的営為と社会国家的営為が交錯する場を憲法上創り出そうとするのに対して、他方は、まさにこのような試みこそが法治国家モデルを解体するものであると考える。法治国家モデルは、個人の自由の領域と国家的高権との対置を前提とするからである。判例もまた、この問題については、さまざまの妥協を余儀なくされて来ており、今日に至るその軌跡は単一ではない。人格の発展という標識の下に個人に与えられたものが、しばしば、平等と社会国家の名において再び取り去られねばならなかったのである。

右の問題のより深い根底にあるのは、法治国家と社会国家の表面的な対立、あるいは自由主義的な自由保障と市民への給付の社会的保障の間にある表面的な対立ではない。根底にあるのはむしろ、新たに闘いとられた個人の諸権利の前提には、そもそもいかなる自由概念が置かれているのかという点に関する一般的な不確かさである。

戦争直後には、この問いは無用なもののように見えた。国家社会主義の不法国家の経験とそれがもたらした自由破壊的な作用の経験の後では、基本権が復権するためにはどのような正当化も必要ではなかった。基本権は、人権運動の初期にそうであったように、当然明白で自明 (self-evident) なものであった。しかしながら、今日存在しているのは、基本権の政治的実質が雲散霧消してしまう危険である。一九四九年憲法が、あの歴史的な流動状況の中で均衡させることのできた二つの要素、すなわち国民的統一と民族自決という遠い将来の目標と、法治国家的秩序と個人の自由という近い将来の目標は、政治的急進化の中で今日分解の危険にさらされている。つまり、一方では新しいナショナリズムが登場するとともに、他方では、基本権の個人主義的な要求を極端なリアリズムによって過剰に拡張せんとするラディカルな自由イデオロギーが、憲法上のバランスを破壊するのである。こうして、形式性を持った国家組織が無用のものとされ激しい攻撃にさらされる一方で、解放主義的に曲解された自由権が過大に強調され、ひいては絶対化される。

実際、このような経緯は、我々の国家のもつ弱点をついている。つまりここでの問題の中心は、憲法の中にそもそも含まれていた諸傾向が急進化したことであり、また一九四九年という歴史のモラトリアムの時期には共同体の政治的本質として宣言されていたあの基本権的諸自由が、今や過剰に個人主義的に拡張されてしまったという事実にある。

あらゆる基本権の宣言、より一般的には、国家に対するあらゆる自由の主張は、本来、市民がそれを行使することによって生命を持つものである。これは人権宣言の古典時代でも今日でも同様である。アメリカやフランスの自由の戦士達が、国家へのあらゆる批判にも拘らず、国家——人権の「国家」——志向的であったことは疑う余地がない。一九世紀にあっても市民階級の政治的エートスはなお力強く、法治国家を自分の問題として考えさせるのに十分であった。政治的自由が恣意と私的孤立へと衰弱し、国家秩序に対してそもそも背を向けるような場合にはじめて、基本権は危機にさらされる。

人間相互を義務づける社会的エートスの喪失は、基本権を利己主義や盲目的服従へと退行させる。悪しき自由の行使はまた、自由の敵に彼の行為のアリバイを与え、最後には権利の濫用の結果、権利そのものが無に帰してしまう。

ドイツ以外の他のヨーロッパの国々やヨーロッパ以外の世界に眼を向けてみると、――全体として光景はさまざまに異なっているものの――そこここに右と同様の問題があることがわかる。

人々は自由主義的な自由権を広く解した場合に生じる問題を避けようとして、しばしば社会的な基本権の要素をより強く強調した。許容される個人の自由領域は、しばしば極端に私的なものに限定された。このことはとりわけ、第二次大戦後になってはじめて独立し近代的行政を新たに創設しなければならなくなった国々にあてはまる。ここではまだ、市民が、管理される臣民という殻を破って登場するには至っていない。自由は、せいぜいが部族的身分的遺制、つまり団体的自由として理解されうるにすぎないか、あるいは公権力の独占を要求する強大な国家の手で経済的観点から配給され割り当てられるかのいずれかである。だが自由――普遍的で平等な市民の自由――が自発的に追求されることなく計画によって副次的にもたらされるような場合には、自由は無内容なままに行政国家によって吸収されてしまう。ヨーロッパとりわけドイツでは、人権の解放主義的な出発点と社会国家的帰着点の間に大胆に弓を張り渡そうとする統合的な基本権理解が、しばしば多くの困難に逢着しているのに対して、発展途上国におけるこの緊張ははるかに小さなものでありその弓には張りがない。対比という観点から見る限り、これらの諸国は、ヨーロッパ近代初頭の行政国家の状態、つまり国家が他ならぬ身分的多様性を自らの権力独占の中に吸収しており、平等者からなる市民社会を解き放つことができない状態にある。これらの国々でもいつの日か、ヨーロッパやアメリカの市民革命と同様に、力をつけた自己解放的な市民階級の手によって、新しい人権が国家につきつけられる日が来るのだろうか？　だがこのような対比は、現代国家が絶対主義的領邦国家に比べて、途方もなく高度化したはるかにきめ細かな支配手段を持っている以上あまり意味をなさない。一定の経済的充足があってはじめて個人の自由への衝動が解き放たれ得るというのは確かであるが、まさにこの経済的充足こそが、今日の発展途上諸国にはほとんど見出せないのである。すなわち、ここでの自由は否応なく宣言的概念のままであり、技術的・社会的発展を通して一つ一つ裏づけられるということがない。ヨーロッパ・アメリカ的な憲法モデルはそれ故、ここでは限定的にしか適用できないのである。

共産主義圏においては事態はまた異っている。ここでは市民の自由主義的自由およびこれに付随する基本権はイデオロギー的理由から否認され、同時に、国家は万人の自由のための社会的諸前提をはじめて実現したと主張する。個人的自由の概念は、ブルジョア的虚構、つまり一握りの少数者の利益の仮装であるとして排斥され、形式的自由を否定するために実質的（社会的）自由が持ち出される。たしかに、共産主義政府は、一連の社会的基本権、例えば労働への権利、専門教育を受ける権利、成績に応じて昇進する権利を、全生活領域の完璧な計画化の手を借りて達成し保障した。(帝政ロシアのような) 旧社会秩序と比べた場合、人々がここで間接的に手に入れた自由を過小評価すべきではなかろう。だがこの自由は、個人の自発的な要求から得られたものではなく、社会的必然性への洞察から得られたものであり、国家の手によって実現されたものである。ここでは、福祉国家を全国民の倫理的全体性と考えるヘーゲル的な行き過ぎが生じているのである。

昨今の東側ブロックの状況がはっきりと示しているのは、言論・出版・信教の自由、移動の自由、人身の自由と法的安全といった、たえず罵倒され不当に抑止されてきた形式的自由こそが、共産主義諸国家にとって恐るべき内的な破壊力を有しているという事実である。これらの自由はそれ故、民衆からは熱狂的に求められるとともに、官憲からは同様に激しい敵意を持って拒絶される。表現の自由や出版の自由のような、西側諸国においてはすでに自明なものとして無頓着に享受されている権利が、いかに価値あるものであるかを、一九六八年のチェコ事件ほど鮮明に西欧人に教えてくれた事件はおそらくなかった。チェコ人達は、これら諸権利のために死にもの狂いで戦った。また、この時ほど、個人の自由権なしには、社会的基本権も政治的基本権も存立しえないということがはっきり示されたことはなかったのである。

こうして、伝統的な基本権の維持と拡大が、今日ではもはや個々の国家の枠組の中で排他的に実現されうる課題ではないということが明らかになってくる。人権思想が世界の世論と良心による支持を必要とするように、基本権の維持と拡大のためには、国際的な取り決めや協定が必要である。人権思想はすでに、一九四一年の大西洋憲章の基礎とされ、以後さまざまの国際的取り決めの中で実定化され形を与えられて来た。最もよく知られているのは、一九四八年の国連世界人権宣言と一九五〇年のヨーロッパ人権規約である。

むろんここでは、国内領域ではよく知られている旧来の諸問題もまたいっそうはっきりとしてくる。一九六八年に国連が、念入りに仕上げられた二つの人権規約[45]によって、一九四八年の人権宣言にごく控え目な国際法上の現実性を付与するまでには二〇年の年月を要した。国連加盟国による人権侵害が、高等弁務官による監視と指導活動によって回復され、あるいは少なくとも公的に批判されるという具体的成果がもたらされたことはごく稀にしかない。米州機構の手による、相互取り決めと裁判所制度をめぐるアメリカ諸国の動きや、人権保障のための全アフリカ憲章を作ろうという努力に見られるような国連以外の地域的人権保障の試みも、なお宣言的なものに留まっている。人権規約で謳われた権利の確保のために委員会と裁判所を設けているのはヨーロッパだけである。ここでは、条約当事国による人権侵害があった場合には、国家のほかにすべての自然人も、国内法上の救済手段を尽くした後に、委員会に訴えを起こすことができる。

こうして、人権の基本権・基本的自由への拡大は、国内法的にも国際法的にも多様でしかも分裂した像を呈している。一面においてこれらの諸権利は、政治的アピールと諸要求が具体的な法規定となったという点で、市民にとって重要なものとなり政治的統合の一要素となった。しかし他面でこの実定化は、何よりも人格的・個人的自由の領域において、法制度としての基本権の限界を白日の下に晒した。

基本権は確かに国家に対する個人の自由の要求という歴史的事実として今なお生きており、また個人が自らの生を責任をもって形作ろうとする意志の倫理的原則としても生きてはいる。しかしこの両者は、集団的なものへの傾向をもった現代社会では、もはや自明のものとは言えなくなっている。基本権が実定的な権利として実在している場合ですら、刷新と再構成への内発的な衝動とダイナミックな力はそこから失われてしまっている。人権の発祥の地であるヨーロッパとアメリカにおいては、個人的な自足と自己決定の理想はすでに以前から平等と社会的なるものの原理によって制約されている。一方、発展途上の諸国は、その半国家的状態とようやく始まったばかりの産業化の中で、いまだに基本権以前の状態にある。唯一、共産主義の古代的官憲国家だけが、個人の生活を国家の意のままに取り扱うことの結果、かつての一八世紀絶対主義国家に見られたような、個人的自由と幸福追求を求める人々からの反撥をひき起こしている。社会主義社会の将来の変容の中から、自然法と人権のルネッサンスが生じて来るかどうかはなお予測の限りではない。

いずれにせよ、二〇世紀も残すところ三分の一のところにいる観察者の眼から見れば、人権はもはや、過去何世紀間にわたってその勝利を謳い上げて来た巨大な世界史的潮流によって担われてはいない。いよいよ狭くなって来た現代社会において自由への叫びは弱まり、国家による保障を求める声が大きくなってきている。飢えた者・貧しい者を突き動かしているのは、個人的な自己決定や個人的な文化への要求ではない。生存に対する基本的配慮への要求である。したがって、我々は最後に、基本権の今日的な危機について、またその従来の内容が含んでいる問題性について、さらには、基本権が人間の共同生活の新たな形式の中でいかなる発展の可能性を持ち得るのかについて語らなければならない。

## III　変転――自由と保障の間の基本権

基本権が発展した社会は、市民像――すなわち経済的に他に依存せず精神的に自立し、国家と教会に対してこのような自律性を主張する人間像――によって特徴づけられた社会であった。基本権は、こうした市民的存在が生活様式として脅かされる時に危機に陥る。我々が置かれている生活様式と法秩序の見通しのつかない変動の中で、基本権は今日、かつてない大きな試練に晒されているように見える。基本権が持ちこたえるのか、それともかつての法文化の歴史的証しとして、市民主義時代とともに没落してゆくのかは誰も確実に予言できない。

どのようにしてこのような大きな転回が起きたのかは、社会体制の変転と国家活動の飛躍的増大を身をもって経験した我々同時代人にとっては、いちいち説明する必要もない事柄である。このプロセスは殆どすべての西側諸国で、同一のまたは類似の経過をたどった。国家に介入を強い、敵対する社会的勢力の調停者の役割へと否応なく国家を追いやった諸々の社会的闘争、そして国家の行政機構の拡張と収縮を導いた戦争と困窮の時代、そして何よりも、大衆化の中で深まる個人の孤立化と窮乏化――これらのすべてが、国家任務の急激な増大と、個人と社会の間の生活上のリスクの再配分をもたらしたのである。

ドイツにおけるこれらの展開は、最初の序曲として三月革命前期に登場し、一八六〇・七〇年代に本格化した。産業化と労働者階層の組織的登場という動きの中で、広範な社会改革が必要となった。この社会改革は、ビスマルクによって手がけられた形態では、まだ国家の一方的な干渉にまでは至らなかったものの、すでに、自力で運行する市民的経済社会・営利社会という秩序観念に対する強力な侵入を意味していた。この動きの規模は、二〇世紀に入ると予想を超えたスピードで拡大した。社会保障関係の行政機構の大規模化と並んで、一九一四年には、戦争に起因する戦時経済行政が巨大化し、これは戦後もずっと長く継続した。こうした現象は、第二次世界大戦中および大戦後も繰り返され、戦争結果の負担配分を目的とした包括的行政措置を行う際に再び高まった。労使間の社会的軋轢の激化と大量失業がもたらす政治的帰結に対する恐れは、労働契約関係の形成に国家が関わることを強いるとともに、独自の労働行政の構築をもたらした。

また、大都市で生活する人々の基本的な生活需要を満たし、さらに労働分化の過程でますます失われてゆく「支配できる生活空間」（フォルストホフ）を外側から補強する必要性は、交通計画・都市計画・国土計画等の諸課題を、一部は新たに登場させ、また飛躍的に増大させたばかりでなく、住居・水道・ガス・電気・下水道・ゴミ処理・環境保護のための多岐にわたる供給網の展開を強いることになった。経済的権力集中の防止を目的とした経済過程への国家の介入と、私的自治――とりわけ賃貸借法と労働賃金法の領域——に介入する社会政策的保護規定の拡大がこれにつけ加わった。同一線上の問題として、許可義務を伴う法律行為の増大に触れるならば、極めて広範で重大な帰結をもたらす国家活動の拡大は明らかであった。国家活動の重点が、規範を定立する立法から、直接に手を下し個別的に問題を規律する行政へと移行した結果、一九世紀的立法国家に対して行政国家が、権利を保障する自由主義的法治国家に対して、公的な「生存配慮[42]」を提供する国家が主題となりはじめた。

しかしながら、右のプロセスは、もう一つ別の側面から——つまり、自律的な私的・社会的形成力がこのプロセスの中で次第に弱体化し無力化して行くという側面からも——同時に考察されねばならない。というのも、公共的な計画・給付・配慮の増大は、個人であれ家族であれ町・村であれ、殆どの場合、これらのより小さな生活圏の持っている直接的な自律性と自己責任の深刻な喪失を伴うからである。国家的な労働・社会行政の確立によって、個人および家族の生活リスクの大部分が国家の手に移行することは明らかであるが、国家がこの生存配慮に失敗する場合には、国家の根本を脅かすような帰結が生じる。同時に、産業密集地域で必要となる計画は、所有権と建築権に対する広範な介入を伴うものとなる。土地・住宅・私有財産秩序の領域において、否、家族政策の領域においてすら国家的指導行政が前面に出て来るのにつれて、伝統的意味での私的自律のかなりの部分は、暗黙のうちにであれ、明示的にであれ棚上げされてしまう。ここでは、国家がかつての自由主義時代には想像もできなかった程に、指導者・分配者・調停者として私的世界に現れるだけではない。反対に、私的存在もますます社会と深く関係づけられ、公法上の課題と義務の中に組み込まれるのである。私法秩序による個人主義的な社会モデルの弱まりは、私的エゴイズムのためしばしば挫折するやっかいな協力関係の代わりに、公法上の手段による社会領域全体の局面ごとの計画化を可能にする。ここには摩擦なしに機能するという多くの長所があるが、同時に、人間を機構の一部と化し、容易に全体主義的恣意へと堕落する制約なき「計画立法」化の危険が伴っている。

右に述べたような経過の中に、今日すでにその動きが峠を越えたことを見出そうとしたり、あるいは、全体主義体制下で表面化した極端な歪みからして、この動きはもはや衰退の一途をたどる他はない、と考えることは誤りであろう。

事態はむしろ逆である。確かに、際限のない個人主義を自己修正する私法秩序の潜在的力を根拠にして、それなりの期待を抱くことはできるかも知れないが、ここでの内的過程は、すでに変化してしまった個人と国家権力の関係を変えることは殆どない。この内的過程が散発的なものにとどまり、その作用に限りがある以上なおさらである。近年連邦共和国で試みられた社会政策上の諸改革（より正確にはその失敗）はこのことをはっきりと示している。というのもここでは、国家行政が補充的役割に後退することへの抵抗は、多くの場合、国家からではなく、諸々の社会的勢力自体から発しているのである。彼らは既存の分配・権限付与システムの中に、社会的生産活動に参与する一つの形態を見出しており、それ故、もはやかつての自由の形態を欲していない。

これは、一つの根本的問題に関わっている。大衆の中で孤立した個人にとっては、自由とは今日、──実際にはしばしばとるに足らない足場としてのみ存在する──個人の自由領域を守ることで実現されるのではなく、むしろ国家の給付・生産の進歩・消費機会の増大に参加することによって実現されるものである。したがって、現代人の自由の追求は、もはや脱国家化の方向ではなく、むしろ反対に国家に新たな付加的任務を負わせ、国家行政を拡大・強化させる方向に向かっている。かつては、警察国家的後見的行政の最も強力な敵であった私的個人主義は、潜在的にはるかに強大な現代国家とその行政に対して、阻止力と規制力を殆ど失ってしまった。個人主義的自由思想は、もはや、社会諸権力に対する個々人の自己主張のバネとして作用してはいない。社会的緊張の平常化と緩和の時代にあっても、行政国家が構造的になお存在する本来の理由は──行政に本来的な強固な自己持続性と並んで──まさにここにあるのである。

ここにはさらに、もう一つ別の問題が加わる。啓蒙自然法論に由来する古典的自由主義の理論は、基本権をもっぱら国家と個人の間を法的に境界づけるものとして構想した。この理論は、前国家的空間に位置する社会の諸集団に留意することなく、むしろこれを意識的に排除しようとした。こうしてフランス革命では、個々人を保護してきた旧来の団体の多くが抹殺された。身分制社会の団体的構成要素であった教会もかろうじて命脈を保つことができたにすぎない。

このことは、一方では問題を単純化してしまった。自由主義の観点からは、自由を脅かす全勢力が国家に集約して考えられたため、自由の問題の最も単純で最も効果的な解決方法は、市民的自由を国家法の万能の範囲外に切り離すことにあるように見えた。

他方ではしかし、このような見方の結果として、諸々の社会的な諸領域および組織・団体の意義が、自由に対するそれらの可能性と危険性とももども見逃されることとなった。まず見逃されたのはその潜在的な保護機能である。一九世紀には、労働者は組合（Zunft）や団体（Korporation）という伝統的な後盾を奪われ、産業側の権力と国家権力に対して、寄る辺なく無防備な存在へと追いやられた。そして、労働者が団結権という形で少なくとも部分的な結社の自由を再び獲得するまでには、多くの国々で長く激しい闘いが必要となったのである。

また、制約を解かれ法的無人地帯と化した国家と個人の間の広大な領域に生み出された、新たな集団的権力の中に生成する危険も見逃されることになった。とりわけ経済的権力が法治国家の法律の間隙にうちたてられる時に、個人の基本権はこの権力に対してごく限られた保護を提供したにすぎない。法的平等もまた、無制約の経済的自由主義という条件下においては単なる形式にしかなり得なかった。

ここにはアナトール・フランス[46]の「赤い百合」の中で老闘士のシュレットが、「法律は厳かな不偏不党さで、金持ちにも貧乏人にも同じ調子で、盗むこと・物乞いすること・橋の下で眠ることを禁じるのさ」と侮蔑的な調子で語り、市民階級の法理解の偽善を暴き出したことがあてはまる。

従来の基本権に対する今日の不満の大部分は、これらの諸権利が現代社会における自由に対する実際の脅威に対しては無力であるということが、不透明ながら強く感じ取られることに起因しているように見える。なぜならば伝統的基本権は、権力の限界づけよりもまず、個人の自由を保護・伸張する事をめざしたものだったからであり、また権力の制約を意図した場合にも、国家の側だけを念頭に置いて社会を視野の外に置いてしまうものだったからである。

例えば、諸々の抗議運動の標語や、ＳＰＤ[47]およびＣＤＵ[48]の青年組織の政治綱領の政策的中核部分を検討してみると、我々は、その攻撃や要求の多くが国家に対してではなく、国家の手前にある自由な社会的勢力に向けられたものであることを見出していささか驚かされる。また例えば、世論操作にいたるような経済権力の濫用を人が非難する場合、彼は基本的には、自由主義的自由のために国家と戦っているのではない。自由を制約する国家のために、自由主義的自由の濫用と戦っているのである。基本権のかつての攻撃の方向はここでは逆向きとなり、ファンファーレは降伏の吹奏となっている。

我々の教育制度における労働者子弟のハンディキャップを是正しようとする運動についても同じことがいえる。すなわち、高学歴取得の障害となっている主な要因は社会的メカニズム自体であり、したがってそれは具体的に把握することが容易であり、またそれに応じた変化をもたらすことが可能であるという皮相的見解はすでに後退している。――このような理解は、ダーレンドルフが、一九六六年に、問題の解決策を「教育への市民的権利」の中に見出した時にとった考え方であった。だが、今日我々は、生活環境上の障害というものは幼児期に形成される思考方法や表現方法にまでさかのぼるものであり、その後の学校教育の段階ではすでに強く固着しており、その思考習慣と行動習慣からの脱却は、個人的レベルにおいてのみ可能であって、集団的レベルではまず不可能だということを知っている。

教育への市民的権利に訴えてみても、この権利が権利者によってしばしば全く利用されなかったり、右に述べたような言語社会学的な問題背景からそもそも全く利用することができない場合には如何ともしがたい。しかし、だからこそ自ら分別をつけられない者を幸福へと強制する権限を国家に与えねばならないという結論を、我々はここから引き出すべきなのだろうか？　例えば、ドイツの有力な教育学者が提案したように、不平等な住環境によって子供の教育への動機づけの強弱が左右されないように、住居割りあてのような経済政策を改めて導入すべきなのだろうか？　あるいは他の提案の中で言われているように、標準語の学習は、各々の階層と結びついた表現方法の多様性を画一化する抑圧的規範であるから廃止し、学校では隠語や方言や卑語を教えるべきなのだろうか[11]？

これらの提案の無力さは、解決が不可能なほどの問題の難しさをさし示している。基本権によってめざされた（また実際にも多くの分野で達成された）社会的な平等を超えて、旧い不平等が、国家と個人の社会的中間地帯に新たに姿を現したのであり、この不平等は（少なくとも諸団体内部では）平準化されていた旧身分制社会におけるよりも多くの点でずっと著しかった。基本権によって極小化された国家権力は、これについて何も変えることは出来なかった（また変えることも許されなかった）。この危機は、本章の冒頭で描写したような障碍のレベルにまで深刻化せざるを得ず、そこでようやくこれに対する反作用が生じることとなった。しかしこの反作用は、新たな国家全体主義に転化する危険を伴っていたし、またたえず伴っている。これと比べれば、自由主義的な個人的自由の体制の方がまだずっと我慢できる害悪であろう。

現代世界の新興諸国は多くの場合、右に述べたのと同様のジレンマの中にある。これらの国々は、形式的には、市民に基本権的自由を保障しようとはするが、事実上この自由は――それに適した社会学的対象層がいないために――せいぜいのところ啓蒙的官憲による教育的独裁か、あるいは最悪の場合、臣民への独善を図る国家の恣意へと変質してしまう。国連人権委員会でバチカン聖座のオブザーバーを務めたリーデマッテン神父は数年前にある講演の場で、これらの国々の多くは、人権侵害という非難に対して殆ど反応しない――少なくとも国連加盟国にふさわしいほどの反応を示さないと指摘し、その理由は、これらの国々がその伝統からして、個人の基本権保障の概念も法実践も知らないからであると述べた。これらの諸国を非難することはとてもできない。この事実は、西欧的な憲法の伝統に基づく固有の法制度を、異なった風土へ移植することがいかに困難であるかを示しているにすぎない。また、一九六八年に行われたアフリカの人権会議で、ある国家の代表は、彼の国では、現在の状況下では、ストライキを反乱と見なしてそれ相応に処罰せざるを得ないとのべた。我々はここで再び、一つの社会が発展史的にとび越えることのできない一段階である「社会的充足」という問題につきあたる。この問題との取り組みがなおざりにされる場合、それを顧みずに宣言された基本権は、殆どの場合、空疎な虚構にとどまるかあるいは実現不可能な要求を生み出すのみである。

ここに示されたジレンマから抜け出すために、多くの試みがなされてきた。論理的にわかりやすく社会学的にも説得的な考え方は、個人と国家の間の二者関係を三者関係に変換し、市民と政治権力の関係にあてはめられてきた基本権上の原則を、水平的な関係にまで、つまり他の基本権の担い手との関係にまで拡張するという発想である。国家との間で通用することがどうして隣人との関係であてはまらないのか、というわけである。

だが、このような結論は軽率である。そもそも現代国家は、社会的な水平関係の中にあった革命前の時代の身分制国家ではない。現代国家は、社会の中の他の「自律的な権力の担い手」と同一の基盤の上に立ってはいない。民主制国家においては尚更のことである！　人権を一面的に社会契約という水平的なものに還元しようと欲したことは、啓蒙自然法論が犯した誤謬であった。一般化された第三者効力論の下では、同様の誤謬が現代的衣装をまとって起こるであろう。

自由の原理に対抗して平等の原理を一方的に強調することも、何ら打開策とはならない。現代社会における自由権の実践の中に、権利の平等が含まれていることは自明のことであり、ある国家が、すべての人間の人格的尊厳を等しく認めるという意味での平等の基本価値を見捨てるならば、その国家は階級闘争や人種主義の悪魔の犠牲となる危険に陥ることを我々は知っている。自由は今日、平等抜きには、つまりすべての市民に対する基本的な機会の平等を抜きにしてはもはや成り立ち得ない。

しかしながら、平等が政治の最高原則とされ、それが伝統と個人の権利への配慮なしに押し進められる場合には、これが容易に危険な全体主義へと転化することもまた我々は目撃している。この点で我々に警告を与えてくれるのは共産主義の経験であろう。共産主義は自由の犠牲の上に平等を強行しようとしたのだが、結局のところそれさえ殆ど達成することができなかった。

同様に、旧来の基本権から「社会的基本権」の領域を区別し、これを概念的に独立させようとする試みも困難である。ここでは、社会倫理的要請とその法律学的実定化の努力が、少なくとも今までのところは、お互いに結びつかないままとなっている。

社会的基本権はすでに一九世紀に存在していた。最も早くかつ有名なものは、一八四九年のフランス第二共和制憲法の労働への権利である。この権利は爾来、一九世紀後期から二〇世紀にかけてのヨーロッパにおける社会立法の広範な領域を支える倫理的要請となった。アメリカ合衆国ではその後、旧い社会倫理の伝統に立ち戻ることによって、自由権の内容と現代の社会的要請を結びつけることが試みられた。ウィルソンはすでに、「新しい自由（New Freedom）」の必要性について語っていたが、ニューディール期になるとルーズベルトがこの考えにより明確な輪郭を与えることを試みた。彼が一九四一年に定式化した四つの自由は、旧来の自由主義的権利と新しい社会的権利とを結びつけたものである。すなわち、表現の自由・宗教の自由と並んで、困窮と恐怖からの自由がここには登場している。世界的には、一九四八年の国連人権宣言が、社会保障、労働への権利、休養・自由時間・有給休暇への権利、母子の援助、教育を受ける権利および学問的進歩への参加の権利といった一連の社会的基本権を宣言した。また、ヨーロッパ社会憲章草案は、社会的基本権の分野を、労働に関する権利、扶養・社会給付に関する権利、家族と子供に関する権利、人間の人格の文化的発展に関する権利、という四つの方向で体系化しようとしている。

しかし、「社会的基本権」はなお今日まで、十分な法律学的実定化を見るに至ってはいない。そしてこれは決して偶然のことではない。なぜなら、自由権が原理的には絶対的であり、より詳しい規定はこれを制約しようとする場合にのみ必要となるのに対して、社会的基本権の場合には実定的な法命題としての定式化が困難だからである。社会的基本権の綱領的な内容は、法律と行政措置をもってはじめて実現されざるを得ない。それゆえここには、諸々の具体的な個人の自由が、国家から付与されいつでも撤回可能な集団的自由と置き換えられてしまう危険性が潜んでいる。自由の実質的条件を創り出すのが国家である以上、国家はこの自由を意のままにすることもできる。ソヴィエト法の教科書の中に、東側の（紙の配分と出版許可を組み込んだ）実質的な出版の自由は西側の形式的自由よりはるかに優っていると書かれていることは、まことに示唆に富んだ話である。実際には、紙と印刷機の配分は国家目的と厳格に結びつけられており、そのかぎりで国家のプロパガンダ的な世論操作の一手段となっているのだ。社会的基本権を、個人的自由権の図式に従って主観的法規範として構成しようとすると、絶対主義的で全体主義的な要素が、法秩序の中にいとも簡単に入り込んでくるということが、ここではよくわかる。その意味では、「困窮からの自由」「恐怖からの自由」という表現がすでに、実際には全能と全智を備えた立法者でなければ果たし得ないような期待を呼び起こすものであったと言ってもよい。

オランダのカトリック法哲学者ヴァン・デル・ヴェンは、右のようなジレンマから、「主観的権利として起草された社会的基本権は実定法秩序の前空間に留めておかれねばならない」という結論を引き出した。社会的基本権の実定化は権利の首尾一貫した現実化のような外観を与えはするが、政治的現実の中では個人の自由の破壊をもたらすのみである、と彼は警告する。むろん彼は、行政上の諸準則・一般条項・国家目的の定立という形での社会的基本権の実定化の可能性を否定している訳ではない。――ドイツ連邦共和国が「社会的法治国家」を基本法の中に規定した際に選んだのはまさにこの道であった。しかしながらヴァン・デル・ヴェン自身は、「その他の社会的基本権の場合に、国家の課題領域と他の機関・組織の課題領域との関係についてのバランスのとれた政治的意思形成が、ひとつの一般的原則の表明によって果たして容易に達成されるものなのかどうか」と懐疑的に問いかけている。(12)

右に概観して来た一連の問題がはっきりと示していることは、自由権的基本権（freiheitlicher Grundrechte）と社会的基本権（sozialer Grundrechte）の間の、あるいは個人の自律的自由とその社会的制約との間の満足のいくバランスが、近代憲法の中では今なお見出されていないという事実である。そして、少なくとも我々が――自由主義の概念世界にしがみついて――個人と国家、個人の自由への要求と給付への需要、さらには法治国家的憲法と社会国家的行政を、完結した論理的に相容れない対立項として考えている限り、ここでのバランスを見出すことは難しいだろう。

いうまでもなく、これらの二項対置の中には、本書冒頭で描写した一八世紀後期の歴史的な緊張が影を落としている。――すなわち、重圧的なものとなってきた旧来の社会構造に対する、あの解放主義的な自由への欲求である。基本権が、カタログとして、体系として、また憲法上の要求として誕生してきたのは、他ならぬこの自由への欲求に負うものであった。

だが、自由と基本権は、個人の私権（Eigenrecht）から出発する他には、つまり個人は他者に対して個人として義務を負わない存在であるという主張と立場から出発する以外の方法では、そもそも考えられないものなのであろうか？

このような問いかけは今日、学問研究や立法政策のより強い関心事となってきている。それは狭い意味での基本権論の領域だけでなく、政治学や法史学・憲法史学の領域においても同様である。例えば、ヴェルツェル、コンツェ、コゼレックの諸研究は、近代の解放主義的な自由概念を生み出した歴史的起源への関心をかき立てるものであった。その啓蒙自然法および体系的法典編纂への意欲との関連については、ヴィアッカーやC・J・フリードリヒ[49]がこれを明らかにしている。同様に、「旧身分制秩序」と、そこで権利秩序と義務秩序を包括していた「社会法」を解き明かそうとする社会史学上の諸々の労作は、近代の基本権論と法治国理論に内在している歴史的制約への我々の洞察を深めるものであった。とりわけ、ショイナー、コンラート、ヘンニス、エームケによる、法治国家の歴史的草創期と近代のドイツ国家観に関する諸研究は次の事実を明らかにしている。すなわち、法実証主義[50]とともに始まった法治国概念の、社会的現状維持を法技術的に保障するシステムへの（形成的性質をもつ変更的介入抜きの）矮小化は、国家から自由な個人の領域という思想の中にすでに準備されていたものであった。ドイツ市民階級の運動は、一八世紀後期から一九世紀にかけての西欧の政治的自由論をこのような思想に変容させたのである[13]。

法治国家と基本権を構成している諸要素を新しく考え直そうという兆しは、法学の内部ではいっそう顕著である。例えば次のような事態はここで注目に値する。すなわち、今日の基本権論において、しばしば基本権の制度的な特質（ハンス・フーバー）や個々の自由権的基本権の中に潜在している制度的内容（ペーター・レルヒエ）が問題とされ、またそこでの考察が、単に権利を保障される個人から出発するだけではなくして、国家的結合のための基本権の重要性をも出発点に据え、さらには、基本権が「秩序」「生活領域」「生活関係」として理解される、といった事柄である。

「このような基本権の観点からは、権利における『不可避的に制度的なもの』が、個人的なものと並んで考慮されることになる。基本権を構成するこれら二側面が同等であり相互的関連性をもっていることに鑑みれば、立法者は、主観的個人権としての基本権のために基本権の制度的側面を侵害してはならず、また、その逆も然りであるという帰結が引き出される。個人と全体の生活は、このように理解された基本権の下ではじめて展開する。(14)」

こうした主張の例は他にいくらでも挙げる事ができるだろう。私がこれらの見解を引き合いに出したのは、自由主義的な一面化と社会国家的な一面化をともに克服しようとする新しい基本権思想がここで展開しはじめている事を示すためである。これらの努力がもたらす成果について、今日の時点で決定的なことはまだ言えないが、その重要性については疑いをさし挟む余地はない。というのもここには、「社会的法治国家」という基本的要請にもとづいた憲法状況をより良く理解する道が開かれているだけではなく、一九世紀には埋没し排除されたドイツ政治思想の旧い伝統と結びつきこれを継承する可能性が同時に与えられているからである。[51]

現代国家と現代憲法における諸々の問題が抱える固有の特質は、久しく失われていたかに見える自由主義以前・カント主義以前の国家思想との多くの接点を再び生み出している。「社会的法治国家」をめぐる諸問題は、今日、「福祉を促進する行政」（フォルストホフ）への国家の回帰という標識の下に、自由主義以前の旧い福祉国家の諸問題と多くの本質的な一致点を見出しつつある。

しかしながら、ここで決定的なことは、後期絶対主義国家と現代国家の制度的・類型的な類似性にあるのではない。もちろん、諸々の義務を公的に確定することや、私法的な制御メカニズムが機能しなくなった社会生活領域で有効な計画を立てることなどは、今日の立法者にとってまさに宿命であり課題となってはいる。だが、過去の伝統との結びつきという点で決定的なことはむしろ、旧時代の法理解・国家理解が、一つの倫理的な社会原則に基礎を置いており、いまだ権利にのみ訴える思考に染まってはいなかったという事実である。旧時代の法理解・国家理解の「自然法的出発点」となったのは、人間の援助と補完の義務であって、「純粋に此岸的かつ社会的・利己的に把握された個人」（F・von・ヒッペル）ではなかったのである。

基本権と法治国家をめぐる今日の論議は——抽象的個人からではなく人間から出発して考えようとする努力の下に——法倫理における Minima moralia（道徳的最低限）を再び見つめ直すことがもはや避けられない地点にまで近づきつつあるように見える。このような法倫理の下においては、権利の秩序と義務の秩序は互いに補い合い、自由主義時代に典型的だった国家への一方的視角は克服されるものとなろう。

右のような視点から基本権の古典時代を振り返ってみた場合、それは今日、決して過ぎ去った過去のものではなく、時代遅れになってもいないことがわかる。この古典時代はしかし、歴史的にはそれ以前と以後からはっきりと際立った、より正確に見通すことのできる歴史的なまとまりの中にある。

「以前」、すなわち革命前の旧時代には、一体として組み立てられた身分的な職業秩序・生活秩序が存在した。個々の構成員の任務と責任はそこでは正確に定められていた。彼の生存の場は全体としては、彼の具体的な「自由」であったが、それはただ個人的に考えられた自由では決してなく、いたるところで社会的な諸々の連関の中に組み込まれた「自由」であった。この自由の形はむろん、個々に著しい相違とニュアンスの差を示していた。

「以後」、すなわち我々の現代では、「以前」の時代と同様に、個人およびその自律性に対して、社会的なるものが力強く強調されている。抽象的・自然法的な「人間それ自体」、およびその政治的帰結である身分なきルソー的民主主義[52]に対して、人間の具体的な事実と生活関係（労働者、父親、転借者、男性、女性）が強調されている。だがこの主張は、かつてのように具体的な生活秩序と社会的連関の枠組みの中でなされているのではなく、原理的にはなお個人主義的な自由と権利の理解の枠組みの中でなされているのである。自由と権利の理解の基本構造は、社会国家的に変形されているだけで、核心においては変化していない。

ここから一歩を踏み出して、自由の概念そのものを、近代の自律と解放という観念の軛から解き放つこと――これが今日我々に与えられている課題である。これは従来の思考モデルで理解されるよりずっと困難で複雑な課題である。従来の思考モデルの下では、あらゆる問題が、自由権的基本権と社会的基本権の二律背反と、両者の政治的利益の調整に終始するだけである。

だが、自由を平等の上位においても、平等を自由の上位においても救いは来ない。救いは新しく理解された自由からしかやって来ない。この自由においては、人間の援助と補完の義務は（啓蒙自然法におけるように）自由の反対像や障害物ではなく、自由そのものの内在的な構成要素なのである。

自由をこのような仕方で新たに考えることに成功するかどうかは、西欧文明の内部においても、なお未解決の問いである。だが、我々の未来と人間の尊厳にふさわしい生への展望は、この課題を解決できるかどうかにかかっている。そしてこれは、産業社会のもたらす諸々の制約とそこでの大衆社会的人間存在の圧力の下で、我々が人間としての自由と人間相互の援助義務を合わせ持ち続けることができるか、という問いかけに他ならない。

（一九七三年）

# 第二部　社会主義のあとに——社会的なるものへの新たな倫理？

「マルクスによって呼び出され、かつてヨーロッパを騒がせた共産主義という妖怪はいつしか——マルクスがはからずも予言したように——幽霊それも恐怖の幽霊になった。二〇世紀末の今日、この化け物は消え去り、色あせてゆく記憶と複雑な感情を後に残すだけである。……民主社会主義という呪文でさえ、何か成果をもたらす前に消えてゆくことになるだろう。(1)」

一九八九年の末に、東独の作家ギュンター・クーネルトは、ヨーロッパの社会主義体制崩壊後の状態をこう言いあらわしたが、彼のこの言葉は私に次のようなことを考えるきっかけを与えてくれた。

一、過去数年間に何が起きたのだろうか？　我々はどこに位置しているのだろうか？

二、全体主義は政治の中でその役割を演じ終えたのか？

三、今後我々は何をなすべきなのか？　社会主義が崩壊した今、社会的なるものへの新たな倫理が必要なのではないか？

# Ⅰ

今なお我々は、ここ数年の間の劇的展開に驚き呆然としている。今世紀のうちに二度も繰り返された全体主義的支配体制は崩壊した。世界の一方の強国は今日、深刻な経済的・政治的危機の中にある。東側の経済的・軍事的ブロックは解体した。アフリカ、極東、キューバのように社会主義体制が存続しているところでも、それらの体制は孤立した状況に陥っている。共産主義中国もまた、巨大ではあれ、一つの孤島であることに変わりはない。昨日まで崇めたてまつられてきた支配者の像はいたるところで打ち倒された。過去が再検証され、ゆがめられた歴史は修正の対象となっている。つまり、支配のイデオロギーとしてのマルクス・レーニン主義は崩壊し、東側諸国の共産党独裁体制は解体の過程をたどっている。東欧・中欧の国々が歴史の舞台に再び登場し、西側諸国との結びつきを模索しはじめた。このような政治的構造こそが、一九八九年に東独におけるＳＥＤ（ドイツ社会主義統一党）の独裁の終焉をもたらし、一九九〇年の東西ドイツの再統一をも可能にしたのである。さらにこれは、一九九一年に、ソビエト連邦の解体をもたらすとともに、旧巨大帝国の残骸を国際的競争の圧力と国内の政治力学との二重の圧力にさらした。

右の過程には長期にわたる準備段階があった。政治的にはまず、マルクス主義への信仰が衰退した。

これはすでに六〇年代以降のロシア、ポーランド、チェコその他の諸国で観察された過程であった。ディラスやコラコフスキー、マコヴェッチやサハロフといった、かつての共産主義知識人たちの生の軌跡と言論はこのいきさつをよく物語っている。彼らは一様にいつの年からか、「神ではなかった神」にそっぽをむいた。七〇年代になると共産主義はもはや、勝利へ向かう運動ではなく、懐疑と薄笑いに包まれた権力保持のための結合体にすぎないものとなった。マルクス主義の教義への信仰を証しする証人はもういなかった。

思想的な破産宣告のあとには経済的な破産宣告が続いた。六〇年代には、フルシチョフがロシア人にむかって「西側を経済的に追い越そう」と呼びかけたのに対して、七〇年代のソヴィエト連邦は発展途上国の位置にまで後退してしまった。唯一の例外は軍事部門であったが、ここでも西側諸国との競争は徐々に困難になった。とりわけ環境保護に関して、イデオロギーによって技術の進歩がゆがめられたために、工業化で得られた成果が台無しになった。生産要素としての自然に過大な負担がかかり、その再生はほとんど不可能となった。自然環境は破壊されてしまった。

精神的・経済的に弱体化した共産主義帝国の内側から反対勢力が成長してきた。ここでは連帯運動(Solidarnocz Bewegung)を擁するポーランドが、ソヴィエトの支配の軛から東欧を解放しようとする諸勢力の先頭に立った。これは一つの新しい状況であった。というのもポーランドの改革者達は、五〇年代のチトーやその後のチャウシェスクのような、修正主義的でリベラルな共産主義を欲しなかった。彼らはそもそも共産主義自体を望まなかったのである。彼らは、ポーランド出身の教皇への思いに強められ励まされて、断固として突き進んだ。(2) その意味でレフ・ワレサの指導の下でのダンチヒ造船所における一九八〇年の連帯運動の旗揚げは、東欧において自由の潮流がほとばしり出るきっかけとなった（ゴルバチョフが登場するのは、実にこの五年後になってのことである！）。

ゴルバチョフは一九八五年に、二人の特色のない過渡期の人物のあとでソヴィエトの政治指導を引き受けた。内部的な解体はすでに進行していた。今振り返ってみると、この新たな指導者は、まさに歴史によって押し出され登場してきた人物のように見える。彼は、戦術的な手腕をもって、しかも古いノーメンクラツーラ流のイデオロギーにとらわれることなしに、東側ブロックとソヴィエト国内における解放と解体のプロセスを追求した。一方では譲歩によってこれをコントロールするとともに、他方では自らの手で運動の先頭に立とうとした。とりわけ外交面において、彼は、冷戦と東西対立によってはもはや維持しがたくなった足場から一歩ずつ撤退する作業に着手した。だが、そうこうするうちに、東・中欧とりわけ旧ソヴィエト連邦諸国で起こった激流のような変化は、彼のすべての予想と政治指導の努力をひっくり返してしまった。ゴルバチョフは今日、政治の舞台の一傍観者であるにすぎない。事態の推移が第一走者を追い越してしまったのである。

これらの一連の事件は、解放された東欧諸国に大きな期待を呼び醒ました。自由と自決を一気にとりもどしたいという欲求は、あらゆる種類の援助の必要とともに強烈であった。だが、解放された殆どの国は、この願望を自力で満たすことのできる状態にはなかった。解放の陶酔は、すぐ後に続く酔いざめを伴っていた。今日の旧東側ブロックで、寄る辺なさとむき出しの困窮が、いかに途方もないものであるかについて、我々はこの何ヵ月ものあいだ劇的な視聴覚教育を受けつつある。

経済問題がこれにつけ加わるが、この問題は殆ど解決不可能なほどに大きい。民衆の生活水準はほんのわずかずつしか向上しない。かつての東欧経済相互援助会議（コメコン）の配分システムは崩壊してしまった。従来の対東欧圏貿易は停滞しており、二国間貿易協定も不十分である。東欧の政治的解放は、経済的困難の中で深刻な停滞の危機にさらされている。四〇年にわたる共産主義の支配――ソヴィエトの場合七〇年の支配！――は、一夜にして拭い去られ得るようなものではない。自発性や起業家精神、そしてリスクへの勇気とこれに必要な粘り強さは一体どうすれば可能となるのだろうか？

最後に、まさにパンドラの箱である東欧の民族問題が、日々新たな問題と血なまぐさい突発事件を伴って生起している。地域、民族、少数者に対する長年の抑圧に対する反動がここで起こるのは何ら不思議ではない。問題はひとえに、この展開が一体どこへ行きつくのかという点にある。果たしてこの動きは、安定した連邦型の秩序と新たに自己的に形成される国家制度によって受け皿を与えられ得るものだろうか。ギョルギィ・コンラートは、この状況について、最近次のように述べている。

「民族国家の創設が共産主義崩壊後の時代の支配的政治原理になるとすれば東欧に平和は訪れない、という命題を我々は提出せざるを得ない。なぜならば、ヨーロッパの東半分では民族の数が国家の数を大幅に上まわっており、もしすべての民族が――その歴史的夢の実現として――自らの国家創設に成功するならば、新たな国家が大量に誕生してしまう。また、少数民族が必然的に残り続けるものである以上、国家数をどれほど増やしたとしても単一民族国家の創設などは不可能である。無数の国境紛争が生じることも明白である。民族的少数派は常に不満をかかえ、多数派はこれに反発し続けるだろう。連邦制の理念は、共産主義崩壊後の東欧圏においては、単一民族国家という理想に圧倒されている。しかし単一民族国家の理念の勝利は新たな少数派を生み出すとともに、民衆のかなりの部分が差別されるという結果をもたらすだろう。ひいては、民族問題に起因する内戦がひき起こされ、場合によっては難民の流出が生じるだろう。(3)」

このような動きのはじまりを、我々は今日ユーゴスラヴィアで経験しつつある。ユーゴでは、八〇年・九〇年代の権力の崩壊後に新たな暴力の時代が来たのだが、これが最後の事例となるかどうかは誰にも分からない。この問題は、「独立国家協同体（GUS）」の場合にも、ゴルバチョフによる改革およびエリツィンによる新たな大ロシア主義、さらには一九九一年八月の旧勢力の反乱未遂と同年一二月の新国家建設の企てという一連の事件を経たあとになっても、見通しのつかない状況にある。

つまり、世界は一つの重荷からは解放されたものの、解放された国々の未来は不確かのままである。むろん過去への後戻りは簡単には起こらないだろう。共産主義は、「強権」的支配に対する余りに深い不信と懐疑を生み落としてしまっているからである。

現在のファナティックな傾向がおさまり、生命の尊厳、人権の尊重、他者への尊敬が勝利することを我々は希望する他はないし、それはまた望みうることでもある。だが、長い「混乱の時代」が、ロシアのみならず東欧全体にもなおしばらく続くことを、我々は予想せざるを得ないだろう。

## Ⅱ

我々はこうして、「全体主義はその政治における役割を演じ終えたのか？」という第二の問いにたどりつく。この問いは、社会主義体制だけではなく、今世紀のヨーロッパ史全体にかかわる問題である。これに答えるためには、全体主義体制の本質はそもそも何なのか、なぜこの体制が、危機にゆさぶられた我々の時代にかくも驚くべき成功を遂げたのかを明らかにしなければならない。

全体主義とは一体何だったのか？　一九二〇〜三〇年代のソヴィエトで、ファシストのイタリアで、そしてのちにはナチスのドイツで、外国人観察者の目に明らかになったことのうちで、何が新しく前例のないものだったのか？

さしあたりそれは、端的に政治権力が拡大し過激化し、そしてダイナミックになることであった。「普通の」民主主義諸国の場合ならば、憲法と慣習、権力分立原理と社会的多元主義の背後に控え目にとどまっていたものが、そこでは傍若無人にむき出しの形で現われて来た。均衡のメカニズムにはもはや組み込まれず、他の社会勢力との競争に晒されることのない政治権力――レーニン流にいえば「法に一切縛られず、暴力に直接基礎をおいた権力」(4)が前面に現われて来たのである。

この権力は遍在的なものであった。誰もこれを回避することができず、いたるところでこれと向き合わねばならなかった。例えばそれは、拡声器から響きわたり、写真とシンボルを通して語り、シュプレヒコールで絶叫し、パレードでアピールし、デモ行進で威嚇する——要するにこの権力は、議会や行政の軛をふりほどいて社会全体に氾濫した。

全体主義的支配の第一の特徴を、我々は「動員状態におかれた政治(5)」と呼ぶことができるかも知れない。およそ動員というものは軍事力の力動化と拡大そして集中をもたらすものであるが、全体主義による政治的動員がもたらしたものは、全公共生活の軍事化であり民衆の思考と行動の規格化・画一化であった。以下に掲げる二つの例証のいずれもが、アングロサクソンの作家の手によるものであることは決して偶然ではない。

ハロルド・ニコルソンは、一九三二年一月六日のローマでの日記に次のように記している。

「一日の殆どを、ファシストのパンフレットを読んで過ごす。いずれにせよ彼らは、イタリア全土を一個の軍隊に変えてしまった。ゆりかごから墓場まで、人々はファシスト的形式の中にはめ込まれており、誰もそこから逃げ出すことはできない。紙の上では全てがすばらしく力強い印象を与える。だが、個人の生活はどうなっているのだろう？　これは、イタリアにもう少し滞在してみなければはっきりしたことは言えないが、いずれにせよ、個人が破壊されるという限りにおいてこれは社会主義の実験である。この実験は自由をも破壊する。お前が何を考えどう行動するかを決めるのはお前ではない。たしかにこのようなシステムが、我々の国では獲得できないような、あるエネルギーと効率を生み出すことは間違いない。だが、だが……これらのすべては、〝逆立ちしたピラミッド〟だ。(6)」

第二の例証は、ウィリアム・シャイラーの『悪夢の時代――一九三〇年〜四〇年』における一九三四年九月のニュールンベルク全国党大会の描写である。

「濃緑色のユニフォームの五万人の若者が、朝日に光り輝く鋤を手に総統の面前のツェッペリン広場に直立不動で立っている。最前列の若者は上半身裸だ。彼らは、総統が若者達の祖国への献身を賞讃する言葉に聞き入っている。

やがて、古プロイセンの軍曹たちにもできなかったようなやり方で、彼らが全体の閲兵式行進に移ると、巨大な観衆の熱狂がわき起った。私にとってはこの閲兵式行進はばかばかしく思えたが、観衆にとっては、自分からとび上がったり喝采したりする程にすばらしかったらしい。通過行進にあたって若者達は、『ハイル・ヒトラー』で終る遠くまで轟きわたる力強いシュプレヒコールによって、彼らの総統に忠誠を誓った。その後すぐに私は、ヒトラーが労働奉仕組織だけではないより全体的な少年組織、ヒトラーユーゲントを創り出したことを知った。子供達は七歳になると、ヒトラーユーゲントで総統に忠誠を誓わせられるのだ。(7)」

右の二つの文章からは次のことが明らかになる。

新たな政治は人間の生活全体の組織化をねらって、個々人の行動様式に対して働きかける。服従はここでは、たんに習慣や安全への欲求や恐怖心だけから生まれるのではない。共に行進する者はむしろ、自分達は時代の呼びかけに答えてある歴史的任務を果たしている、という解放感を抱いている。こうして、大衆の動員が、指導者の要求への応答として進行しはじある。(8)政治権力の意思が多数の者に広がり、彼らは「新たな時代と共に」行進する。

仮に、全体主義体制下での政治権力が、威嚇とテロによってのみ出現し、恐怖と戦慄によって盲目的服従を強要することを唯一の特徴とするものならば、右に見たような現象が長続きするはずはない。支配と服従の相互行為による芝居が展開するはずがない。

つまり、権力とその中枢たる党が生命力を持っているのは、たんにその実際の目標達成能力や強者の強権だけによるものではない。党の生命力は、——それが強者の強権によって維持されているのと少なくとも同程度に、——「党こそは何が正しく何が真理かを知っている」という主張によって支えられている。党は歴史の目的を知っている。党は歴史の発展の行方を知っており、この党の方向に添うものこそが勝者である。これに添わないものは破滅を運命づけられており、あの有名な「歴史のごみ箱」に落ち込んでゆく。「党、党こそは常に正しい」のだ。

全体主義運動に破壊的力を与えるのは、このような無謬性を主張する（または装う）イデオロギー装置に他ならない。全体主義の下では、手足が縛られてしまうだけでなく頭も縛られてしまうのである。組織と教義、党とイデオロギーは、ここでは相互に支え合う。（一見）必然的なるものに対する洞察から、知的な確信と革命への情熱が生まれ、「新時代」のためにはいかに恐ろしいことであってもすべてを捧げようという覚悟が生まれる。学問的装いをもった統一性のある世界解釈が、全体主義運動に恐るべき確信を与えるのである。

「かつて規律の源泉であった資本は弱体化し、人々の結合の源泉であったものも涸れはてた。我々は別の規律——規律と結合のための別の源泉を創り出さねばならない。抑圧によって生み出された秩序は、「自由」と「平等」という言葉をふりまくブルジョア民主主義の騒ぎと絶叫を呼び起こすが、彼ら民主主義者たちは、資本の自由が労働者の権利を侵犯するものであることに気づいていない。この虚偽との闘いの中で我々がとったのは、労働者の労働義務と団結権を必要とあらば強制によってでも貫徹しなければならぬという立場であった。革命が強制なしに行われたためしはないし、またプロレタリアートは、是が非でも自らの主張を貫くために強制力を行使する権利を持っているからである。」（レーニン、一九二〇年）(9)

「我々の民族を守るために、我々は敵に対して厳しく立ち向かわねばならぬ。一人一人の敵を痛い目に合わせ、時には多くの善意の人々から、容赦の無い残忍な人間と悪しざまに言われる危険をも冒さねばならぬ。もし我々が公平で人道的であり過ぎた結果、国家社会主義者としての歴史的任務を果たさなかったとすれば、我々は情状酌量に価しないだろう。奴らは歴史を前にして自分の使命を果たさなかったと言われるだけだ。」（ハイドリッヒ、一九三五年）(10)

「諸君の大多数は、一〇〇体、五〇体あるいは一〇〇〇体の死体が目前に並んでいる場面を経験していることだろう。我々がこのような事態を耐え抜いたこと、そして――例外的に人間的な弱さを見せた者を別にして――我々が品位を以ってそこに止まり続けたこと、これこそが我々を強くしたのだ。これは、かつて記されたことのない、また今後も記されることのない、我々の歴史の栄光の記録である。」（ヒムラー、一九四三年）(11)

「我々は、唯一最高の水準に達している。」（ヒトラー、一九三三・三四年）(12)

絶対的な権力が絶対的な自己正当化と結びつくこと、これが全体主義的支配の特質である。このことは、従来の全体主義の研究者によってすでに認識されてはいた。(13) むろんここで問題となっているのは、単純なサディズムやよく知られている圧制者の残酷ではない。――それならば何千回となく、とっくに歴史の中で語られてきたことである。

全体主義的支配における新しさとはまさに、犠牲者を平静かつ「技術的」に抹殺する心の用意ができていることであり、また、「敬意を表すべき敵」が、合法的駆除を許される害虫へと変身してしまうことにある。戦時に爆発する激情に代って、ここでは駆除と抹殺の行為が登場する。行為者達は、行為に対して距離を保っているばかりか「品位」すら維持している。彼らの行為は歴史によって正当化されているのだから。ヒムラーの(品位という)言葉使いはこの歴史的正当化によって、その倒錯した論理に到達している。(14)

右の事態は、歴史的に見た場合、全く新しいものではない。清掃とテロルの結合、革命的な「清潔さ」と事実上の限度のない暴力行使の結合がすでにフランス革命の中にあったことは、M・J・ル・ギューとH・リュッベ[1]が指摘していた。(15)

グーラクショックに端を発した七〇年代フランス知識人の危機においては、全体主義を基礎づけた近代イデオロギーの前史の中にあった「フランス―ドイツ―ロシアというサイクル」のモデルが出現した。(16) ここで周期的に反復されて現われる現象は、(a)「知識人」の思考が大学という管理された世界から自立すること、[17] (b)科学主義的な世界解釈・歴史解釈によって社会を変革しようとする一群の活動家が現われてくること、(c)多元主義的な論争よりは独裁的支配をめざす戦闘的な政党が同時に教義の監視者としても登場すること、(d)言語が相互理解のためではなく支配という目的のために用いられ、このことによって必然的に、言語が平板化して決まり文句と化し、現実喪失と妄想的観念が生じることである。[18]

近代イデオロギーはすべて、「人種」を中心とするものであれ「階級」を中心とするものであれ、これを没落した文化遺産、倒錯した知性として考察することが可能であるが、より詳細に検討してみると、そこでは明確な相違もまた明らかになる。つまり、マルクス主義が、その著しい退行的性格にも拘らずなお哲学的な理論骨格を保っているのに対して、民族主義的・人種主義的思考は、せいぜいが疑似科学的に、――つまり自然学的・社会進化論的思潮によって――正当化されうるにすぎないものである。「知識人」の自立も、革命的訓練と鍛えられた指令系統を備えた階層組織への党の発展も、ずっと早くからはじめられていた。その結果、国家社会主義はその政治的工具(党、煽動、プロパガンダ)の多くの部分をレーニン主義から借用することになった。[19]

二〇世紀は、権力手段と政治的救済の教義の緊密な結合、つまり暴力とこれを正当化するイデオロギーの緊密な結合によって多くの人々が幻惑され圧倒された世紀である。全体主義的思潮から大衆運動が生まれるということを、他のどのような方法で説明できるのだろうか？　ここでは、近代世界を支配する諸力と全体主義との関連についての立ち入った分析が必要であろう。

全体主義はその疑似合理主義の点で、啓蒙思想――より一般的に言えば、科学の時代と結びついている。全体主義のイデオロギーは、「知識と欲望充足に至る近道である。……それは、幼児的な全能感によって支えられており、ここでは現実が欲望に服従する」[20]。つまりこのイデオロギーは、近代の「知は力なり」の虚像なのである。

全体主義の症候群と近代民主主義運動との結びつきもまた明らかである。民主主義は何よりも、社会を平等な構成員によって創り出し、市民をさまざまの国家的義務へと結びつけた。民主化が必然的に全体主義をもたらしたとまでは言えないにしても、民主主義は大衆動員の基礎を創り出すとともに、従来は知識人に限られていたイデオロギーが万人に普及する基礎を創り出した[21]。一九世紀においてすでに、社会主義は「自由主義の出来の悪い息子」と評されたが（W・E・ケトラー）、両者の対抗関係は、二〇世紀においてはより振り幅の大きな振子運動をもって繰り返された。社会を全体的に掌握しようとする動きは、たんに社会的危機（戦争、社会的分解、失業等）への反作用であるばかりではない。それは同時に、自由・放恣の社会的な増大に対する反動なのである。

最後に、第一次世界大戦が敗戦国であるドイツとロシアそしてイタリアにも残した傷が、ここでは重要な役割を果たした。共産主義とファシズムとナチズムが、第一次世界大戦の犠牲となり国際的地位喪失に苦しんでいた諸国で権力を掌握したのは決して偶然ではない。

以上のような全体主義のもろもろの構成要素は、歴史の流れの中でついたり離れたりしながら、結局のところひとつの結末にたどりついた。すなわち一九一七年から第二次世界大戦のピークに至る期間に、全体主義運動は圧倒的な勢いでヨーロッパを席巻し、権威主義的で半ば全体主義的な国家群の環をつくり出すとともに、自由主義的民主主義を少数派に追いやってしまった。一九三三年以降の権力の中心は、第二次大戦によってゲルマンの民族的優越に基づく地域秩序を達成しようとした国家社会主義のドイツであった。一九四五年のその崩壊以後は、ソヴィエト・ロシアの全体主義が中心へと進出した。この全体主義は中東ヨーロッパを制圧すると共に、第三世界の諸国まで影響力を及ぼした。ここにうち立てられた世界帝国は、中心部と辺境、全体主義地域と半全体主義地域に編成し直され、中心部では八〇年代まで持続した。一九八〇年に至ってはじめて、ダンチヒ造船所の一連の革命的事件が、この世界帝国に終焉の鐘を鳴らしたのである(22)。

潮が引いた後で、今世紀の六〇年代・七〇年代を回顧して見ると、全体主義体制のもつ特異な非現実的・空想的性格が視界に入って来る。H・G・アドラーのいう「精神分裂症的現実(23)」であり、ハンス・ブッフハイムのいう「虚偽と自己欺瞞による奇妙な織物」である。人々は「知性と良心による最大限の努力を払うことによってのみ、この事態から逃れることができた」。これは、第三帝国下でよく引かれたプロテスタントの賛美歌に出てくる「空想が賢者を走らせ、虚偽が知者を押し止める」、あの状態であった。(24)

くり返しになるが、抑圧やテロルの強制のメカニズムは全体主義のすべてを語っていない。全体主義の一見魅惑的な力は、その普遍主義的だが実現不可能な約束のうちにある。

「権力の獲得にあたって、全体主義イデオロギーは、絶対的なものに到達しこれを最高度の現実として確立できると信じ込む。……実際のところ、この誤謬は、現実との決定的な乖離を引き起こしてしまう。……このような現実の否認、さらには相互理解をめざすのではなく権力の獲得と維持および非現実的目的追求をめざした言語の使用は、イデオロギーによる政治的支配に気違いじみた特徴を与える。この合理化では、原始的な幻想の実現を正当化することが次第にできなくなり、すでに最古のユートピアの中で極端な現象として登場していた暴力が中心部を占拠するとともに、イデオロギー的権力遂行の主要な手段となる。(例えばモレリイの「自然法」は一七五〇年にすでに、今日の強制収容所を予知していた。)(25)」

終ってみると、これは悪夢から目覚めた状態に似ている。誰もが自分自身でなかったこと、外から押しつけられた役目を果たしたにすぎなかったことを承認する。ソヴィエト連邦や国家社会主義のドイツや「現実的社会主義」の国々でのエピソードは、ここでの心理的メカニズムを明らかにしてくれるものである。

例えば何人かの人間が談笑しているところへ見知らぬ人間が入ってくる。談笑は急に止んでしまうか、よりしばしば、人々は突然それ迄とは違った風に話し始める。これは、グロテスクで名人芸的な、あるいは重苦しいかくれんぼにまで行きついた末に、ついには完全な二重生活、社会的な精神分裂、常に自分ではないふりをすることでもって終わりを告げる。

かつてニュールンベルク裁判において、およそ次のような事が言われたことがあった。

「ヒトラーは天才だった。彼は純粋な平和主義者と共に戦争を遂行し、純粋なレジスタンスの闘士と共に外交に従事し、純粋な反対者と共にユダヤ人を絶滅させようとし、純粋な内心の不満家と共にナチ政治集会を行った。(26)」

これは皮肉として言われた言葉ではあるが、全体主義的支配の成立がどのようなものであったかを説明するには殆ど不可欠のあの生活関係の混乱、(D・ボンヘッファーがのべた)あの「悪魔の仮装(27)」をはっきりと示している。「社会主義の根本的矛盾」に関する次のようなジョークは、これと同じ事柄を無邪気に表現している。

「失業者がいないにも拘らず実際に働いているのは半分だけだ。半分だけしか働いていないにも拘らず、達成されるのは全計画だ。全計画が達成されているにも拘らず、買うべきものは何もない。買うべきものがないにも拘らず、人々は必要なものより多くをもっている。それにも拘らず、人々は政府に文句を言う。文句を言うにも拘らず、九九・九％の人々が政府に投票する。(28)」

このような全体主義的独裁の「偽りのからくり」を風刺した文章や、その観察眼は、間違いなくそこからの心理的解放を可能にする出発点ではあるに違いない。だが、この全体主義の時代はなお余りに生々しく傷は癒されていない。全体主義的支配の時代が、解放感とカタルシスをもたらす哄笑のなかで沈み去って行くまでには、なお多くの年月が費やされるだろう。

# III

では、これから一体何をなすべきなのだろうか？　転換へのこの歴史的好機を生かし、一方の極端から他方の極端へと、つまり驕慢の時代から混乱と方向喪失の時代へと滑り落ちないようにするためには、一体どのような態度と徳が必要とされているのだろうか？

まず明らかにしておかなければならないのは、社会主義の破産はそもそもどのような状況のなかに人々をおき去りにしたのかという点である。ここでは社会主義の「信奉者」、主義を異にする「異教者」、そして「非信奉者」の三つの反応を区別しよう。

信奉者に関して云えば、社会主義は彼らにとって真理であり宗教であり生の実質であった。したがって、彼らの場合には、文字通り世界が崩壊したのである(ここで私が問題にしているのは、便乗主義者、弾圧者、暴力の執行者ではなく、実在した理想主義者としての社会主義者である！)。人生の照準点が消失してしまったのだ。あらゆるものがめざしていた目標はもはや存在しない。その結果は、意味の空白と方向の喪失である。けだし、信仰、とりわけ科学的に練り上げられた信仰は、何か別のものによってすぐに取り替えられるようなものではないからである。

マルクス主義で教育を受けたものが、キリスト教へと立ち帰ったことを示す信頼すべき事例は、過去何十年間に存在したし今も存在する（かつて私はある共産主義のインテリの自伝を紹介したことがあった）。だが、古い信仰が疑わしいものとなったにも拘らず、新しい信仰が見えてこない人々はどうなるのだろうか？

ジョージ・シュタイナーは、小説『旗』（一九九一）の中で、一人の変節したイタリア人の共産主義者に、あるカトリックの神父と、信仰と異端について、またキリスト教、ユダヤ教、マルクス主義について議論させている。社会主義の崩壊とその犯した犯罪、およびイデオロギーのために犠牲になった無数の人々についての情報は、文字を信じる知識人を動揺させずにはおかない。彼は歴史を校正して誤りをただそうとするプロの校正家である。にも拘らず、彼は「現実の社会主義」の失敗の中にあってすら、悲痛な頑固さをもってマルクス主義についての次のような自分の解釈にしがみつく。

「マルクス主義は人間に最高の敬意を表するものだった。公正な世界についてのモーゼ、キリスト、マルクスのヴィジョン、すなわち隣人愛、人間の普遍性、国境と階級と人種の間の境界の撤去、種族的憎悪の克服というヴィジョン――これは確かに強引で性急なものだった（このことに反対する者はいないだろう）。それればかりかこのヴィジョンは人間を過大評価するものだった。あるいは致命的で気違いじみたものかも知れない。にも拘らずこれは、壮大で歓喜に満ちた人間の過大評価だった。かつて人間に与えられたもののうちで最大の賞讃だった。教会は、人間を陰惨な過小評価の鎖につないで来た。人間はここでは堕落した存在であり、死刑を宣告された存在だった。彼は塵から出て塵に帰る。しかるにマルクス主義は、人間を、能力の点で無制約であり、視野と精神的飛躍力の点で無限な存在と認めた。人間は最高のものを得ようと努める存在なのだ。彼はもはや原罪の泥沼に縛りつけられてはいない。自分自身が根源的なのだから。我々の歴史は今始まったばかりなのだ。[29]」

シュタイナーの物語は、注目すべき、殆ど悲喜劇的な結末で終る。すなわちこのマルクス主義の背教者は、共産党の懐にもう一度帰ることを申し出る。——だが党はもはや存在していない。党は名前をすでに変えてしまった。そして赤い星の代りに緑の木が登場して来たのだ。

異教者の立場はもっと容易であると思われるかも知れない。マルクス主義的信仰の閉鎖世界のただ中にあって、異教者とはまず何よりも、ユダヤ教徒とキリスト教徒であり、——また自己の生活設計を何らかの点でユダヤ・キリスト教的な源泉に求める人々であった。正教徒のロシア人やカトリックのポーランド人、ハンガリー人、東欧ユダヤ教の生存者などさまざまな異教徒に共通する点は、全員が共産主義の救済の教義に対して大なり小なり抵抗感を持っていたことである。宗教的要素としてここに生き続けたものは、ロシアのような静かな光とひそかな抵抗であれ、ポーランドのような公共世界で影響力をもつ現実的社会主義への選択肢であれ、あるいはルーマニア、東独におけるプロテスタント的抵抗であれ、多くの地域でのユダヤ教的抵抗であれ、いずれも単なる政治的反抗を超え出るものであった。それ故、偽りの信仰の終焉とともに本物の信仰が勝利し、社会主義の没落とともにキリスト教（ないしユダヤ教）の曙が訪れることは誰にとっても当然のことであった。実際、キリスト教的ヨーロッパという合い言葉に含まれている情熱は、何よりも共産主義崩壊後の東欧の経験から引き出された。「キリスト世界あるいはヨーロッパ」というフランス革命後の世界に挑戦的に投げかけられたノヴァーリスの言葉[2]は、今日この地域で新たな現実味をおびはじめている。(30)

もっとも、事態はここでも決して単純ではない。東欧は、一方で確かに、ポーランド出身の教皇に多くを負っていることを知っている。ポーランドの小説家、カジミール・ブランデイシュが一九八七年に書き始めた「ワルシャワ日記」はその例証であり、彼はその中で、ポーランドの首都におり立った教皇を前にした「陶酔的な希望」とわき上がる喝采について述べている。しかし同時にブランデイシュは、「果たしてこのキリストの代理人は、……私が置かれている生活状況をかつて経験したことがあるのだろうか？　我々の懐疑や不安や憂鬱を教皇は理解できるのだろうか？」という問いを発している。(31)そして、他ならぬこの問いを、ポーランドの多くの人々が、つまり不可知論者だけでなく若い世代を中心としたカトリック信者が発しているのだ。一九九一年の八月の週刊誌 Tygodnik

Powszechny に載った若いポーランド人達の会話の中には、次のような挑戦的な意見が表明されている。すなわち教会は爾来、かつて共産主義が創り出したのと同様のイデオロギー的コルセットを創り出す事に腐心しており、そこには「極めて強力な全体主義的傾向」が存在している。キリスト教文化を「カトリック文化」と簡単に同一視することはできない。カトリック教会は、強力ではあるがその力を失いかけており、法的規制という砦に立てこもっている。共産主義時代の白か黒かの二極的なものの見方は、多元主義的な今日の時代には役に立たない。教会の言論空間は狭められてしまっており、信者の信仰生活は衰弱している、と。

「人々は今なお教会へ出かけています。聖堂はどこも一杯ですが信仰は死んでいます。……私がお話した事態は、人々の一般的な受動的態度や偏りから生じたものではありません。これは高等学校の若者にとっての問題なのですが、彼らは、問いを発し始めたまさにその瞬間に何の答えも得られないのです。より大きな集団で共同生活を送れる利益以外に、教会協同体からは何らの利益も得られないことを知った瞬間に、若者は無気力に陥ってしまいます。教会が与えることのできないものを求める人々は教会を離れてゆきますが、その他にも、教会が何物かを与えることができたはずだったにも拘らず、さまざまの理由からそれを与え得なかった人々もまた教会を去ってゆくのです。」(32)

このような相反する感情の葛藤の中には、ここでのディレンマを利用して第三の非信奉者の集団が次のように主張する危険がある。「マルクス主義であれキリスト教であれ、世界観などといったものはみな棄ててしまおうではないか。さしあたり解決を迫られている日々の実際問題と取り組もうではないか」と。実際、有効な経済的・社会的秩序と法体系と政党民主主義を建設することは、東欧においては緊急に必要であり、しかもこの作業がいかに困難であるかは、――ユーゴスラヴィアはさておくとして――ポーランド、旧ソ連邦の諸国、ハンガリー、ルーマニア、チェコスロヴァキア、ブルガリア各国の試みからも明らかである。多少のプラグマティズムと多少の多元主義がここでは緊急に必要なのである。いや恐らく、「多少」だけでは不十分だろう。むしろ東欧においては、西欧型の政党国家と議会制、法治国文化と社会的市場経済の導入だけが問題なのではなく、啓蒙と民主主義と人権の相当部分を幅広く導入することこそが重要となっている。[33]

こうした状況下においては、ソルジェニツィンが将来のロシアに対する彼の提言の中で行ったような、政党民主主義の弱点と困難に怒りをぶちまける行為はあまり意味がない。[34] また、西欧的「消費主義」に嫌気がさす余りこれを排斥したり、自由市場を人間の動物的欲望だけを満足させるメカニズムとして描きだすこともあまり有益なことではない。

キリスト教は、多元主義に関する二、三の教訓を自らのうちにとり入れた時にはじめて、東欧世界に寄与しうるものとなるに違いない。この教訓とは例えば、信仰の絶対的性格は日常の事象を超えたものであること、政治の世界にはただ一つではない多くの可能性と解釈があり、これをめぐる論争は、憲法や実定法の原則との一体性を失うことなしに行われ得るし、また行われるべきものであること、——要するに、民主主義におけるコンセンサスと論争は、敵対性を本質とするよりは、異った思想が互いに補い合うところに特質があること、などなどである。教会はまた、政治的問題にはあらかじめ答の出た調和は存在しないこと、そして(共産主義のように)現在を未来のユートピアの犠牲にすることが許されないのと同様に、永遠の妥当性を主張する伝統主義によって、現在を過去の犠牲にすることも許されないことを学ばねばならない。キリスト教は決して勝利主義ではない。また今日、色々なケース毎に指示を準備し服従することのみを要求しようとする誘惑に対しても、キリスト教は抵抗しなければならないだろう。キリスト信者は、世俗の問題については非キリスト信者の同時代人より賢いわけではない。キリスト信者は彼らと同じように、誠実でとらわれのない努力を傾けて問題の分析と解決にあたらなければならない。そしてこの分析や解決は、あらかじめ用意されすぐに使えるようなものではないのである。

むろん、キリスト信者の経験は、今日の状況を理解しようとする場合の助けとなりうるものである。

現代の全体主義は、決して偶然に誕生して来たものではない。全体主義は、少なくとも、近代的自由の歴史が欠落させ退けてきたものを回復しようという動きの所産であった。

個人の解放の精神が、旧時代の socialitas を解体したことは、同時に、我々を一面的思考と袋小路へと導くものでもあったのではないか？[35][3] 現代の社会的危機は、一九世紀の「社会問題」においてまず序曲として登場し、やがて二〇世紀には民主主義を破滅のふちに追いやったが、この社会的危機を呼び起こしたのは、あの socialitas の解体に他ならなかったのではないか？

個人は自律・自足した存在であり、人間は（少なくとも法的に見る限り）隣人に対して義務を負わない存在であるという命題が、個人の解放の出発点であった。一九世紀の諸改革以降展開した現代の社会運動と社会立法は、この個人の解放を修正しようとした唯一の試みだったのではなかろうか？[36]

現代の全体主義を経たあとの自由の概念を、一九世紀的な自由の概念によってそのまま理解することはもはやできない相談である。歴史は単純にその出発点に回帰するものではない。イデオロギー的社会主義は、正義の観念の倒錯現象であった（丁度ファシズムが共同体観念の倒錯現象であったように）。だが、正義と共同体に対するまっとうな要求は、倒錯現象が生じたからといって消滅してしまったりはしない。

けだし、理性的な社会理論に課せられ続けている課題は、自由の概念をその近代的な偏狭さから解き放って、人間の被造性と相互の援助・補完の義務から生まれる社会的次元を、自由の概念のうちに回復することである。これは長い時間を要する課題であり、忍耐強い努力の中で、急ぐことなく、また異なった意見の人々とのたえまない対話の中で展開してゆくべき課題である。だが、この努力の中で我々が新たな倫理をうち立てることに成功したときにはじめて、全体主義の遺産は真に克服されることになるにちがいない。

（一九九一年）

# 原　注　〔本文中注記号（　）で表記〕

## 第一部

（1）　この論争的問題に関する最も重要な見解はR. Schnur, Zur Geschichte der Erklärung der Menschenrechte（Darmstadt 1964）で紹介されている。

（2）　De cive（国家論）I、3。なおこの点につき、H. Maier, Freedom and Equality in the Political Theory of the European Enlightenment and Its Projection into the French Revolution, in: G. Shuster (ed.), Freedom and Authority in the West（Notre Dame-London 1967）一八七頁以下、特に一三四頁以下を参照。

（3）　F. von Hippel, Zum Aufbau und Sinnwandel unseres Privatrechts（Tübingen 1957）四七頁および同所注（42）の記述を参照。

（4）　J. Bohatec, Die Vorgeschichte der Menschen-und Bürgerrechte in der englischen Publizistik der ersten Hälfte des 17. Jahrhunderts（1956）、さしあたり参照、注（1）Schnur前掲書二六六頁以下および二九〇頁以下。

（5）　MEGA（マルクス・エンゲルス全集）第一部第一巻（Farnkfurt/Main 1927）五九五頁。

（6）　G. Oestreich, Die Entwicklung der Menschenrechte und Grundfreiheiten. Eine historische Einführung, in: Bettermann-Neumann-Nipperdey, Die Grundrechte I/1（Berlin 1966）一頁以下、六三頁以下、および同所注参照。

（７） Bericht und Protokolle des Achten Ausschusses über den Entwurf einer Verfassung des Deutsches Reiches（1919）一七一頁以下。

（８） J. Popitz, Der Finanzausgleich und seine Bedeutung für die Finanzlage des Reichs, der Länder und Gemeinden（Berlin 1930）五頁以下。

（９） Verhandlung der Beratenden Landesrersammlung für Würtemburg－Hohenzollern, 2. Sitzung vom 2. 12. 1946 七頁。

（10） W. Geiger, Grundrechte und Rechtsprechung（München 1959）一六頁。

（11） ここでは、ヘッセン州におけるドイツ語教育のための計画大綱との関連でなされた最近の論議が想起されて良い。

（12） F. van der Ven, Soziale Grundrechte（Köln 1963）八一頁以下、一〇三頁以下。

（13） 筆者の手による関連文献の概観として、H. Maier, Politische Wissenschaft in Deutschland（München 1969）一三三〜二二四頁。

（14） P. Häberle, Die Wesensgehaltsgarantie des Art. 19 Abs 2 Grundgesetz（Karlsruhe 1972）七二頁および同著者による、Grundrechte im Leistungsstaat（Veröffentlichungen der Vereinigung der Deutschen Staatsrechtslehrer, Heft 30, Berlin 1972）四三頁以下。

## 第二部

（１） Günter Kunert, Traumverloven. Die Idee des Sozialismus scheitert, in: Frankfurter Allgemeine Zeitung vom 30. Nov. 1989.

（2）これについての注目すべき洞察として、一九七八年に書き始められ（戒厳令が布告された）一九八一年まで続いた、ポーランド人作家 Kasimierz Brandys による Warschauer Tagebuch（Frankfurt 1984）がある。同書の一〇一頁において、ポーランドの首都に到着した教皇と「教皇にむかってもり上がる熱狂的なポーランド魂の希望」の描写が無神論者の作者の手でなされているのは、二重の意味で興味深い。何しろ Brandys は、六〇年代においては「英雄的オポチュニズム」の態度に帰依していたのだから！

（3）György Konrád, Sondermeinungen eines Urlaubers. Rede bei der Verleihung des Friedenspreises des Deutschen Buchhandels（Frankfurt 1991）四三頁以下。

（4）Wladimir Iljitsch Lenin, Die proletarische Revolution und der Renegat Kautsky＝Ausgewählte Werke in zwei Bänden (Moskau 1947) 四一三頁。

（5）Ernst Jünger はエッセイ、Die Totale Mobilmachung（1930）の中で、現代政治の課題は技術上の「戦争能力」を発展させることにある、と述べている。これについては Hans-Peter Schwarz の Der konservative Anarchist. Politik und Zeitkritik Ernst Jungers（Freiburg 1962）八三頁以下を参照。

（6）Harold Nicolson, Tagebücher und Briefe 1930—1941（Frankfurt 1969）一〇二頁。

（7）William L. Shirer, Das Jahrzehnt des Unheils（Neuausgabe Munchen 1989）七五頁。

（8）追随への傾向性と参加による快感、そして置き去りにされることへの不安が、ここでは容易に分離し難い共棲関係を形づくっている。第三帝国に関する無数の分析のうちで今日なお最も印象的なものとして、Wanda von Baeyer—Katte の Das Zerstörende in der Politik? Eine Psychologie der politischen Grundeinstellung (Heidelberg 1958) がある。特に第四章 (Die Gleichschaltung von Gruppen und der politische Meinungsdruck）および第五章（Mengenerlebnisse）を参照。

（9）一九二〇年三月二九日ＫＰＲ（Ｂ）の党大会におけるレーニンの報告。W. Grottian, Das sowjetische Regierungssystem Bd. II,（Köln/Opladen 1965）三八五頁より引用。

（10）Reinhard Heydrich, Wandlungen unseres Kampfes（München/Berlin 1935）.

（11）Heinrich Himmler, Posener Rede vom 4. Oktober 1943.

（12）十分な注意の下に再現された口述伝承からの引用。なお、Carl Brinkmann, Soziologische Theorie der Revolution（Göttingen 1948）六七頁を参照。

（13）例えば、Waldemar Gurian（Deutsche Briefe vom 12. April und 24. Mai 1935）；Ernst Fraenkel, The Dual State (New York 1941), Kap. III; Hannah Arendt, The Origins of Totalitarianism (New York 1955), Kap. III, Carl Joachim Friedrich u. Zbigniew Brzezinski, Totalitarian Dictatorship and Autocracy (Cam-bridge/Mass. 1957）II章およびIV章を参照。

（14）ヒムラーのいう「品位（anständig）」については、Joachim C. Fest の Das Geschicht des Dritten Reichs（1963）および Dolf Sternberger, Drei Wurzeln der Politik（=Schriften II, 1, 2 Frankfurt 1978）を参照。後者の中では、「我々はこの現象を理解しようとする場合、おぞましいものにまで変質してしまった意識の小部屋の中へ入り込もうという努力を惜しんではならない」(Sternberger II. 2, 438.）という極めて正当な要求が提示されている。

（15）Marie-Joseph Le Guillou, Le mystère du Père. Foi des apôtres? Gnoses actuelles（Paris 1973; ドイツ語標題 Das Mysterium des Vaters, Einsiedeln 1974）; Hermann Lübbe, Aufklärung und Terror. Geschichtsmetaphysische Voraussetzungen totalitärer Demokratie, in: V. Gerhardt（Hg.）, Der Begriff der Politik. Bedingungen und Gründe politischen Handelns (Stuttgart 1990) 二三八頁以下。

(16) Le Guillou, Das Mysterium 前掲注（15）一六一頁以下。

(17) 近代の知識人研究の第一人者として――とりわけ一八世紀に関しては――Robert Darnton を挙げることができる。参照、The Literary Underground of the Old Regime (1982; ドイツ語標題 Literaten im Untergrund. Lesen, Schreiben, Publizieren im vorrevolutionären Frankreich, München/Wien 1985).

(18) Le Guillou はこうした特徴について、すでにジャコバン的俗語に関して（前掲注（15）一六二頁）、なかんずくレーニズムとナチズムに関して「言葉は事実を伝達する機能を失い、逆に事実の上に逃れることのできない網をかけてしまう」（一七三頁）ことを論証している。「ドイツのサイクル」についての描写としては、Hugo Steger: “Verwirrung” als Ergebnis zeit- und kulturkritischer Analyse—Zukunftsphantasien in “Ganzheitsmythen” —Erwachen im “Totalitarismus”, in: Verfolgung und Widerstand, Acta Ising, hg. Von H. Kreutzer und D. Zerlin (1988) 八一頁以下がある。

(19) ドイツの批評家からの激しい反論をあびながら主張された Ernst Nolte によるこのテーゼは、イギリスとフランスでのナチズム研究にあっては、かなり前から共通の認識となっている。

(20) Le Guillou, 前掲注（15）一七四頁。

(21) かかる意味で、近代の民主化は全体主義支配が展開する必要条件であるが決して十分条件ではなく、まして必然の条件では到底ない。この点は、――トクヴィルと共に――Jacob L. Talmon, The Origins of Totalitarian Democracy (Boston 1952) に対して強調されるべき事柄である。

(22) Kasimierz Brandys, Warschauer Tagebuch (wie Anm. 2); Jerzy Holzer, “Solidarität”. Die Geschichte einer freien Gewerkschaft in Polen (München 1985); Ralf Dahrendorf, Betrachtungen über

die Revolution in Europa in einem Brief, der an einen Herrn in Warschau gerichtet ist（Stuttgart 1990）. 等を参照。

(23) Hans Gunther Adler, Der verwaltete Mensch. Studien zur Deportation der Juden aus Deutschland（Tübingen 1974）.

(24) Hans Buchheim, Die totalitäre Bedrohung des Menschen. 一九八三年四月二九・三〇日、ＺｄＫ（ドイツ教会中央協議会）全体集会での講演（原稿）二〇頁、なお同じ個所に賛美歌の引用あり。

(25) Le Guillou、前掲注（15）一七三頁。

(26) Wanda Von Baeyer—Katte, Das Zerstörende（wie anm. 8）、二三六頁。

(27) 「巨大な悪魔の仮装は、すべての倫理的概念をごちゃごちゃにしてしまった。悪魔が、光、恩恵、歴史的必然性、社会的正義といった形象をとって現れることは、我々の伝統的倫理的概念世界に生を受ける人々にとっては攪乱的に働く。聖書に従って生きるキリスト者にとっては、これはまさに悪魔が持っている底なしの悪意の確認である」（Dietrich Bonhoeffer, Widerstand und Ergebung [Neuausgabe München 1970] 一二頁）。

(28) Lothar de Maizière, Lehren aus den Erfahrungen in einem totalitären Staat（対談、1/1991 九頁以下）からの引用。

(29) George Steiner, Fahnen, in: Lettre International 14（III/1991）一二頁以下。

(30) 代表的な論者としてTatjana GoritschewaとAlexander Solschenizynをあげておこう。この思想に関するより古い文献としては、Andreas Fritzsche, Philosophieren als Christを、またロシアの「神学的哲学」については、例えばV. N. Karpov（Münster 1987）を参照。

(31) Kasimierz Brandys, Warschauer Tagebuch 前掲注（2）一二五頁。

(32) Ost—West—Informationsdienst des Katholischen Arbeitskreises für zeitgeschichtliche Fragen 171 (1991) から引用。

(33) 中央ヨーロッパ的視点から見た西ヨーロッパの政治文化に関する慎重な解釈の試みとして、Bedrich Loewenstein, Der Entwurf der Moderne. Vom Geist der Bürgerlichen Gesellschaft und Zivilisation (Darmstadt 1990) がある。

(34) Alexander Solschenizyn, Rußlands Weg aus der Krise. Ein Manifest (Munchen 1990) 特に五一頁、五四頁以下。

(35) 権利と義務を均衡したものと捉える思考。

(36) 詳細につき、代表的なものとして著者の次の論文を参照、Die Deutschen und die Freiheit (München 1987) und Das Freiheitsproblem in der deutschen Geschichte (Karlsruhe 1992).

# 訳注

〔本文中注記号【　】で表記〕

## 第一部

【1】 基本権（Grundrechte）

憲法典上に実定化された自然法的人権概念の総称。例えば、第二章の冒頭には、「当初は――とりわけフランス人権宣言において――燃え上がる炎のような叫びであり道徳的な呼びかけであったものが、今や国家立法上の冷めた言語へと姿を変えた。人権（Menschenrechte）は基本権（Grundrechte）となったのである」（二六頁）とある。もっとも著者マイアーは、このような人権と基本権の区別を必ずしも厳密に貫いてはおらず、本書の姉妹編 Wie universal sind die Menschenrechte? で「基本権」に変え「人権」の用語を用いている。

【2】 啓蒙自然法論

政治社会を超越的な神の秩序との関連で体系化した中世自然法に対する哲学的批判として、一七～一八世紀フランスを中心に全ヨーロッパに展開された法思想。そこでの国家形成の成立根拠は端的に自由かつ平等と観念された主権的個人の意志であり、その認識根拠は人間の「理性」と「欲望」に求められた。新たに発見されたここでの「人間の本性」に依拠した「自然権」の観念は、団体的に構成されていた旧ヨーロッパ社会を原子論的個人へと分解し、近代市民国家を契約説によって構想する出発点となった。イギリスのT・ホッブス（一五八八―一六七八）とJ・ロック（一六三二―一七〇四）、フランスのJ・

J・ルソー（一七一二―一七七八）はここでの代表的理論家である。

［3］グルントヘルシャフト（Grundherrschaft）

近世に至るまでのヨーロッパ領邦国家の基礎となっていた政治的経済的組織構造。領主の直轄地、農奴の保有地および牧草地・森林から成り、領主が警察権、裁判権を以って農奴を支配する荘園制の形態をとった。

［4］マグナ・カルタ（Magna Charta）

一二一五年六月一五日イギリス国王ジョンが、封建貴族（バロン）達の要求に応じて署名した勅許状で、近代立憲制度の起点とも言うべき「権利の章典」と称される。（参照本文九頁）。

［5］スイスの誓約共同体（Eidgenossenschaft）

地域共同体の防衛・警察・司法についての義務履行を構成員である成人男子が誓約することによって成立したスイスの自治共同体民主主義。一三世紀の神聖ローマ帝国の圧制に対する抵抗と自治要求への各地方の動きを通して形成され、その後のスイスに特徴的な連邦制型民主主義の原型を形づくった。

［6］リベルタス・エクレシア（libertas ecclesiae）

教皇グレゴリオ七世（前名ヒルデブラント、一〇二〇頃―一〇八五）の在位下に行われた教会改革（グレゴリオ改革）にあたって唱えられたカトリック教会の標語で、世俗国家の影響力から教会の自由を回復・強化しようとした政策をさす。これは、ドイツ王ハインリヒ四世との激しい抗争を引き起こした。

［7］叙任権闘争

中世ヨーロッパにおける聖職者の任命権を巡るローマ教皇と世俗君主、特に神聖ローマ皇帝との一連の対立抗争。一一一二年、神聖ローマ皇帝ハインリヒ五世と教皇カリクッス二世の間で結ばれたウオルムスの宗教協約では、教皇権の優位を認めて一応の妥協に達したが以降も対立が続いた。

[8]　J・J・ルソー『社会契約論』(Contract cocial) の第一篇第一章冒頭の一節。「近代的自由」の情念を象徴的に一言で表現したフレーズとして知られる。

[9]　コモン・ロー (Common law)

イギリスにおいて、裁判所の判例法を中心にして、議会の制定法と区別されて形成された法体系を言い、イギリス国制の特徴をなす歴史的自然法といった響きでしばしば用いれる。本書の文脈では、イギリスの古い不文法を指す。

[10]　ヴァージニア権利章典 (The Virginia Bill of Rights)

一七七六年五月にヴァージニアのウィリアムスバーグで、イギリスからの独立にあたって他の植民地に先駆けて採択された人権宣言。「すべて人は生来等しく自由かつ独立しており、一定の生来の権利を有している (第一条)」に始まるこの宣言は、ロックの自然法論の影響を強く受けたもので、その後のアメリカ憲法の思想的基盤を形づくった。

[11]　ゲオルグ・イェリネック (Georg Jellinke, 1851-1911)

ドイツ一九世紀の国家学・国法学の集大成者。わが国では Allgemeine Staatslehre (『一般国家学』芦部信喜訳、学陽書房) の著者として知られる (参照本文三〇頁)。

[12]　エルンスト・トレンチ (Ernst Troeltsch, 1865-1923)

ドイツのプロテスタント神学者・文化哲学者。近代プロテスタンティズムの危機を克服しようとして、キリスト教における「信仰」と「知識」、「教義」と「歴史」の弁証法的統合を生涯の学問的課題とした。

[13]　トマス・アキナス (Thomas Aquinas, 1225-74)

中世カトリック神学・スコラ哲学の集大成者。信仰と理性の峻別と統合というアプローチによって、古代アリストテレス的人間論とキリスト教神学を内在的に結び付け、いわゆる「キリスト教的ヨーロッパ」思想の基礎を築いた。「恩寵は自然を前提とし、自然を完成する」の言葉ならびに、大著『神学大全』(Summa Theologica) でその名を知られる。

[14] アリストテレスの奴隷の公準

アリストテレスは『政治学』(politika) に中で、人間関係における動かしがたい自然の秩序の一つは男と女の関係であり、他の一つは支配と被支配を含んだ上下関係であると論じて、被支配の最下層にある従者を「奴隷」と定義した。ここでの奴隷は自然秩序のうちにその位置を持っており、否定されるべき存在ではないとされる。

[15] ホッブス (Thomas Hobbes, 1588-1679)

イギリスの政治哲学者。啓蒙自然法論（参照訳注[2]啓蒙自然法論）の先駆けとして〝万人の万人に対する闘争〟という人間関係の把握と、徹底した唯物論的で個人主義的な人間理解を出発点にして、近代国家の原型ともいうべき契約説的主権国家のモデルを打ち立てた。

[16] ロジャー・ウイリアムス (Roger Williams, 1603-84)

国教会に反発して、イングランドからロードアイランドに入植してその初代総督となり、宗教的自由の新天地を開いた牧師。

[17] ドイツ観念論 (der deutsche Idealismus)

一八世紀啓蒙主義からフランス革命を経て一九世紀初頭に至る時代に、ドイツで展開した形而上学的思弁的な社会哲学・国家哲学の一連の系譜をさし、カント、フィヒテ、ヘーゲルがその代表的論者に数えられる。フランス革命によって高揚した「自由」の哲学と、その対極に現れた「国家」の理念がいわゆるドイツ的思弁の精緻さの中であらわれたものであり、カントは終生ルソーの画像を卓上に掲げていたといわれる。著者マイアーは、ドイツ観念論のここでの特質の一面を「一八世紀末のドイツ自然法論は、西洋的自然法論のもつ個人解放の傾向を極限にまで推し進め、それどころか度を越して病的状態に陥ってしまった」（Altere deutsche Staatslehre und westliche politische Tradition）という表現で描写しているが、一方でこの「個人解放の傾向」の対極には、ヘーゲルにおいて高みに達した国家絶対視があらわれたことも見逃すことができない。

[18] ボーダン（Jean Bodin, 1530-96）

フランスの政治哲学者。「国家論」（一五七六）で「主権」の定義と限界を論じて、近代国家の基礎概念の一つを明らかにした。

[19] モンテスキュー（Charles Louis de Secondat Montesquieu, 1689-1755）

啓蒙期フランスの代表的法学者・哲学者。『法の精神』（De l'esprit des lois 1748）で権力分立論を説いて近代国家の統治構造論に大きな影響を与えるとともに、法の文化的・歴史的相対性についての鋭い洞察を示した。

[20] ショイナー（Ulrich Scheuner, 1903-1981）

現代ドイツの国家法・国家学者。

[21] クルスチャン・ヴォルフ（Christian Wolff, 1679-1754）

ライプニッツの弟子で、一八世紀ドイツ啓蒙思想の代表的哲学者。数学的・分析的合理性に依拠する手法によって、「ライプニッツ・ヴォルフ哲学」と呼ばれた当時のドイツの支配的理論を基礎づけた。

【22】 ヒッペル（Fritz von Hippel, 1897-1991）
現代ドイツの私法学者・法哲学者。西欧近代私法の哲学的全体像を、歴史的視野から分析する多くの業績を著した。

【23】 クロムウェル（Oliver Cromwell, 1599-1659）
一六四二年イギリス清教徒革命で軍人として指導力を発揮して勝利を重ね、チャールズ一世を処刑。王政廃止後の共和制下では、Lord Protector（護国卿）に就任して独裁政治を行った。

【24】 ミラボー（Honoré Gabriel Riqueti Mirabeau, 1749-91）
フランス革命期の政治家。一七八九年の革命勃発とともに国民議会議長として指導力を発揮、左右のバランスを取ることで市民革命を推進しようとして、宮廷と接触しつつ立憲君主制を主張した。

【25】 フランス人権宣言
一七八九年八月二六日にフランス憲法制定議会で採択された「人および市民の権利宣言（Déclaration des droit de l'homme et du citoyen）」で、いわゆる近代市民国家理念の哲学的基礎をなすものとして、その後の欧米国家の諸憲法に大きな影響を与えるものとなった。「人は自由かつ権利において平等なものとして出生し、かつ生存する。（第一条）」「法は総意の表明である（第六条）」等の条項にはルソー的思考の端的な表現が見出される。

【26】 ルドルフ・ゾーム（Rudolph Sohm, 1841-1917）
ドイツの法学者。教会法に関する著作で名を知られ、フリードリヒ・ナウマンの「国民社会協会」設立に協力した。

【27】 三月革命前期（Vormärtz）

一八四八年のいわゆるドイツ三月革命の挫折にいたる一八三〇―四〇年代には、ドイツの諸領邦（ザクセン・ハノーヴァー・ヘッセン）でフランス革命の影響を強く受けた自由主義者のイニシアチブの下に、いくつかの自由主義的な立憲君主制憲法が採択された。

**[28]** 旧来の口やかましい福祉国家

自由主義以前のドイツの領邦国家は、しばしば、人民の幸福・福祉の推進を実体的な国家目標として掲げ、「幸福（eudemonia）」の内容を君主が判断して国民生活の隅々まで世話をやく、いわゆるEndamonis-mus（幸福主義）の古典的福祉国家であった。

**[29]** ラント諸身分（Landstände）

近世以降のドイツの各領邦（Land）の秩序は、共通の血統と伝統・宗教的特権・伝統的土地所有等々によってそれぞれ政治的に結びついたラントの諸身分（stände）と領邦君主が対峙するという政治構造の下で展開した。

**[30]** ヘーゲル（Georg Wilhelm Friedrich Hegel, 1770-1831）

ドイツ観念論哲学の集大成者。一八一八年にフィヒテのあとを受けてベルリン大学教授となり、全ドイツを風靡した弁証法哲学の諸体系を完成させた。マルクス主義をはじめとする以後の現代哲学にも大きな影響を与えた（参照訳注[17]ドイツ観念論）。

**[31]** 公教要理（Katechismus）

キリスト教信仰を、洗礼または堅信礼志願者あるいは子供達に教えるために、問答形式でコンパクトに編集した書物で、キリスト教的世界像の集約的表現の一つ。新教・プロテスタントでは「教理問答」と訳すことが多い。

〔32〕パウロ教会の基本権草案
一八四八年二月のフランス革命の影響下に展開したドイツ自由主義の運動の中で、フランクフルト・アム・マイン市のパウロ教会で開催された国民議会が採択した憲法草案。全ドイツ人に対する平等で自由な一連の人権規定（「ドイツ国民の基本権」）を列挙していた。しかしこの草案はプロイセン国王からの強い拒絶にあい、結局国民議会は解散されて三月革命は失敗に帰した。

〔33〕トーマス・ペイン（Thomas Paine, 1737-1809）
アメリカの独立宣言に思想的根拠を与えたイギリスの急進的民主主義者。フランス革命を批判した保守主義者エドマンド・バークの書『フランス革命についての省察』（一七九〇）に反駁すべく、一七九一年『人権論（The Rights of Man）』（邦訳『人間の権利』西川正身訳、岩波文庫一九七一）を著して市民革命の正当性を主張した。

〔34〕フリードリヒ・リスト（Friedrich List, 1789-1846）
ドイツ関税同盟（一八三四―）の推進役の一人となった保護主義に立脚する経済学者で、若い頃にはヴュルテンベルク憲法草案の作成（一八一九）に参画した。

〔35〕ヴュルテンベルク憲法
ウィーン会議（一八一四―一五）におけるドイツ同盟規約に基づき、一八一八年のバーデン憲法（参照本文二七頁）の翌年ヴュルテンベルク王国政府が一八一四年のルイ一八世の欽定憲法を範として作成した憲法で、近代的人権の哲学と旧秩序の身分制原理を折衷したものであった。

〔36〕ドロイセン（Johan Gustav Droysen, 1808-84）
一八四八年のドイツ三月革命ではフランクフルト国民議会議員として憲法制定会議に参加。プロイセ

ン主義を奉ずる政治史家として知られる。

【37】　アンシュッツ（Gerhard Anscutz, 1869-1948）

ドイツ憲法（一八七一）及びワイマール憲法（一九一九）解釈学の第一人者とされる。

【38】　決疑論（kasuistik）

道徳上の一般的原則を個々の具体的状況に適応させる論理的方法。カトリック教会における告会の秘跡制度の成立とともに道徳判断の一方法として発展したと言われる。

【39】　フリードリッヒ・ナウマン（Joseph Friedrich Naumann, 1860-1919）

ドイツのプロテスタント神学者・政治家。ドイツ民主党を結成して党首となり、ワイマール憲法の制定に力を注いだ。

【40】　社会化立法

第一次大戦末期以来のドイツで主張され、部分的に着手された一連の基幹産業の社会化立法で、典型的には私企業の公有をめざしたもの。この施策はワイマール憲法のスタートとともに社会民主党と企業化の間の対立の中で着手され、炭鉱業の社会化をはじめとするいくつかの社会化（経営参加）立法として実現したが、私企業の公有という理念は結局具体化されなかった。

【41】　ミュミット（Carl Schmitt, 1888-1985）

ワイマール期から戦後にかけてのドイツ憲法学・国家学の第一人者で、わが国ではVerfassungslehle（『憲法理論』、尾吹善人訳、創文社）の著者として知られる。ドイツ公法学の主流であった法実証主義と近代自由主義的秩序観を痛烈に批判したことで、結果的には全体主義ナチス・ドイツを支える法学者の一人となった。

【42】 生存配慮（Deseinsvorsorge）
フォルストホフ（一九〇二―七四、次項参照）によって提唱された現代行政法上の基本概念。個人の自由保障を目的とした一九世紀的法治国家は、二〇世紀に至って産業化と社会関係の複雑化の結果、むしろ国家行政の手で市民の生存と生活を全体的に配慮し、サービスを提供する社会国家へと変容しつつあるという認識の下に、フォルストホフはこうした給付主体としての国家行政の作用を「生存配慮」と名づけた。

【43】 フォルストホフ（Ernst Forsthoff, 1902-74）
ドイツの公法学・行政法学者。ワイマール憲法の古典自由主義的構造を超えようとした点で、シュミットと同じような意味でナチズムを支える法学者としての役割を果たすことになった。

【44】 ただ一ヶ条の社会綱領的な規定
ドイツ連邦共和国法二〇条一項、「ドイツ連邦共和国は、民主的、かつ、社会的連邦国家である。」

【45】 二つの人権規約
一九六六年一二月の国連総会で採択された国際人権規約で「経済的・社会的及び文化的権利に関する国際規約――A規約」と「市民的及び政治的権利に関する国際規約――B規約」の二つからなる。

【46】 アナトール・フランス（Anatole Fance, 1844-1924）
フランスの作家。ドレフュス事件をきっかけにインターナショナル支持者として政治活動に参加。一九二一年ノーベル文学賞受賞。

【47】 ＳＰＤ
Sozialdemokratische Partei Deutschlands（ドイツ社会民主党）

〔48〕　CDU
Christlich-Demokratische Union（キリスト教民主同盟）

〔49〕　フリードリヒ（Carl Joachim Friedrich, 1901-84）
アメリカの政治・行政学者（ドイツ生まれ）。全体主義と共産主義の分析で知られるが多くの分野で戦後世界における政治学の第一人者となった。

〔50〕　法実証主義（Rechtspositivisms）
存在する実定法それ自体にのみ学問対象としての価値を認め、そこから出発する分析的研究によって法律学は完結すべきものであるという主張で、経験を超えた自然法的な法の根拠に対しては価値を認めないか、少なくとも不可知論的姿勢をとる立場。一九世紀後期から二〇世紀前期のドイツ法学の主流を支配した。

〔51〕　ドイツ政治思想の旧い伝統
アルトジウス、ライプニッツ、プーフェンドルフ等に見られるところの、人間の義務倫理と国家（君主）の道徳的基礎づけと、人間における相互関係的で社会的なるものの重視に力点をおいた旧ヨーロッパ政治思想のドイツ的形態をさす。

〔52〕　身分なきルソー的民主主義
契約説の論理を徹底させて、抽象的で自由な個人の意思の共同化としての「一般意思」を導き出したルソーの民主主義論においては、存在を許されるのは端的に個人と国家のみであって、身分的契機を含む具体的な中間団体（ギルド、組合、教会、家族など）の自律性は徹底して否認された。ルソーの強い影響を受けた大革命後の一時期、フランスでは労働組合の設立すら刑法で禁止された。

## 第二部

【1】グラークショック

一九七三年パリで翻訳公刊されたA・ソルジェニツィンの『収容所群島』は、コミュニズムの内部構造とそこでの精神生活の現実をあからさまに描き出すことで、フランス知識人の間に大きなセンセーションを引き起こした。グラークは、ソ連の強制収容所（正確には収容所管理本部）の原語で、いわゆるラーゲリとほぼ同義。

【2】ノヴァーリスの言葉

一七九九年に公刊された論文「キリスト教世界あるいはヨーロッパ（Die Christenheit oder Europa）」において、F・ノヴァーリス（1772–1801）は、宗教改革とプロテスタント、およびこれと内在的に結びついた啓蒙主義がフランス大革命へと流れこんだ歴史的思想的経緯を、キリスト教的ヨーロッパの悲劇的な分裂の過程としてとらえ、この分裂を再統合し得るものとして覚醒したカトリック的キリスト教に希望を託して次のようにのべた。「一つの敬重すべき欧羅巴的宗会の聖なる膝から基督教世界が出現して、宗教的覚醒の仕事を一つの包括的で神的なプランに従って行うであろう」（山室静訳）。

【3】socialitas

S・プーフェンドルフ（1632–94）の『自然法論』において用いられた人間の自然状態を示す基本概念で、アリストテレスの「政治的動物（zoon politikon）」概念を継承したもの。用語的には一般に「社交性」と訳されるが、概念的中核は何よりも人間を相互に法的義務を負った社会的・関係的存在として捉えるところにあり、その点で、「個人の権利」に拠って立つ典型的な近代自然法論とは一線を画される。著者マイアーは、このsocialitasを、「権利と義務の二重性の秩序」という表現の下に、旧ヨーロッパ社会の人間関係と社会関係を表す一般的指標として用いている。

# 解説

森田　明

一　(1)　本書は、Hans Maier, Die Grundrechte des Menschen im modernen Staat (A. Fromm, Osnabrück 1973) およびNach dem Sozialism-eine neue Ethik des Sozialen? (in: Neue Heft fur Philosophie H. 34, SI-17, 1993) の全訳である。（本のタイトルとしては、著者との合意により『基本的人権論』の語をあてることとした。）

著者ハンス・マイアーは、一九九九年まで、ミュンヘン大学哲学研究所（Instiutute für Philosophie — Seminar für christriche Weltanschauung, Religion und Kulturtheorie）の所長を務めた政治哲学・歴史学の教授で、一〇数年にわたってバイエルン州教育・文化相の任にあったというその経歴から、ドイツでは学会・政界・宗教界を横断してよく知られた碩学である。日本では必ずしも馴染みのある学者ではないので、ここでは教授の学問上の経歴について紹介を行った上で、本書に訳出した二点の論文に盛られた〈人権と自由〉をめぐる教授の論策について、簡単な解説を加えておくことにしたい。

(2)　ハンス・マイアーは、一九三一年南ドイツ・フライブルク（ブライスガウ）に生まれ、フライブルク大学哲学部で言語学・歴史学・政治学を学んだ後、政治哲学者として名高いアーノルド・ベルクシュトラッサーの下で一九五八年に「革命と教会」(Révolution und Kirche ― Studien zur Frühgeschichite der christrichen Demockratie 1789－1901) によって政治学の学位を取得した。一九六二年「旧ドイツの国家学と行政学」(Die ältere deutsche Staats-und Verwaltungslehre ― Polizeiwissenschaft) によって哲学部教授資格を取得し、一九六三年ミュンヘン大学社会科学部の政治学教授に就任した。すでにわが国でも翻訳紹介されている論文、「旧ドイツ国家論と西欧の政治的伝統」(成瀬治編訳『伝統社会と近代国家』岩波書店一四七頁以下)は、教授就任に当たって行われた講演を基礎にしたものであるが、その後の著者の学問的姿勢を大づかみな形で物語るものとなった。以後、著者は歴史哲学的色彩を持った政治学・国家学における活発な研究活動を展開し、ウイルヘルム・ヘンニスと共同で編集した学術誌 POLITICA に一連の論説を公にした。前記学位論文において、フランス革命後の国家とカトリック教会の一世紀あまりにわたる確執の歴史を詳細に追跡したマイヤーの学問領域は、したがって一方でのドイツ政治学・国家学の歴史的探求と、他方での近代西欧全般における国家と教会の関係史の探求という、幾分位相を異にした二つの領域が交錯する局面を中心に展開されることとなる。

一九七〇年、マイアーは当時のバイエルン州首相A・ゴッペルに請われてミュンヘン大学教授兼任のまま州の教育・文化相に就任した。以後一九八六年までの一六年間その地位にあって、バイエルン州の教育・文化行政に関する著作のみならず基礎理論的業績を間断なく発表し続けたマイアーは、バイエルンの哲人文相としてその名を知られ、懐の広い柔和な人柄によって文芸界・宗教界をはじめとする多くの分野で「宥和の人」と評された。

一九八八年学務に復帰したマイアーは、ミュンヘン大学の Gualdini 記念講座教授ならびに哲学研究所所長に就任して学問研究に専一に携わる生活を再開したが、とりわけベルリンの壁崩壊後の一九九〇年代には、研究対象を〝全体主義と政治宗教〟に絞り精力的な学際的研究を進めて今日に至っている。その研究業績については⑴ Hans Maier, Bibliographie 1950-1990(Verlag Herder Freiburg im Breisgau 1991), ⑵ T.Stammen H.Oberreuter, P. Mikat (hersg.), Politik-Bildung-Religion — Hans Maier zum 65. Geburtstag (Ferdinand Schoningh, Paderborn 1996) に詳細な一覧がある。なお文芸・宗教分野では著作の一冊である Die christiache Zeitrechung (Herder, Freiburg 1991) は、わが国で『西暦はどのようにして生まれたのか』(野村美紀子訳、教文館、一九九九年) の表題で翻訳が出されている。

**二**　⑴　本書第一部に収録した『近代国家における基本的人権』は、元来、一九七〇年一二月に著者がバイエルン放送で行った一般向けの教養講座、Die Grundrechte? — Aufsteig und Kriese がきっかけとなって、Fromm 社の Texte u. Thesen の一冊として一九七三年に公刊されたものである。その内容と叙述自体は、一九六六年に発表された論文、Rechtsstaat und Grundrechte im Wandel des modernen Freiheitsverstandnis (Politische Wissenschaft in Deutschland, München, Piper 1969 所収) に依拠したものであった。第一章「展開——身分的自由から一般的諸自由へ」および第二章「拡大——基本権としての人権」は、人権という理念が一七、八世紀の近代ヨーロッパでいかなる概念内容をもって誕生し、いかなる形で一八世紀末から一九世紀に各国の実定憲法の中に定着していったかというその展開過程を、法思想史的・社会構造史的変遷の叙述を交えながら簡潔に描き出したもので、人権理念の誕生と展開に興味をもつ読者にとっての格好の手引きとなっている。ドイツを主たる素材とした「人権思想史」とも許すべき広がりと奥行を持つここでの主題を、このようなコンパクトで、しかもバランスのよくとれた歴史叙述によって読者に提示することが可能となったのは、ひとつにはこの書物が一般向けの教養講座を機縁として生まれたという消息によるものであるが、何よりも、著者が人権規定の解釈理論に携わる憲法学者としてではなく、人権概念の前提そのものを問題にする歴史家——著者の言葉を借りれば Verfassungshistoriker（憲法史家）——として語っていることによるものであろう。

右のような特色によって本書は公刊当初から多くの読者に迎えられ、わが国においても、関連分野の研究者・大学院生にとっての基礎的文献として早くから知られる一篇となった。ドイツでの公刊三年後の一九七六年にはすでに、わが国の憲法研究者による内容紹介が公にされている（古川純・高見勝利、〈紹介〉Hans Maier, Die Grundrechte des Menschen im modernen Staat 1973, 東京経済大学会誌九六号二二七頁以下）。

本書第一部で提示された人権理解の基本的枠組みは、その後さまざまの形で敷衍されつつ著者の多くの論稿にあらわれることとなる。なかんずく初版公刊から四半世紀後の一九九七年に新たに世に問われた著作『人権はいかにして普遍的たり得るか?』(Wie universal sind die Menschenrechte?, Verlag Herder, Freiburg im Breisgau 1997) は、本書第一部第一章・第二章をそのままの形で収録したうえで、人権の国際化およびキリスト教思想と人権理念の歴史的連関への問題へと考察の視野を拡げた、いわば本書第一部の姉妹編である。

(2) (イ) 右の第一部第一章・第二章の歴史的叙述をふまえて、著者が第一部第三章で提示しているのが、人権理念の前提にある「自由」の理解の問題である。この主題はある意味で著者の全業績を貫流している主題であるので、以下では本書の文脈の理解に必要と思われる限度での解説を試みておきたい。

一八世紀以前に遡る旧ドイツ領邦国家における Polizei (福祉行政) の発展史を一次資料によって跡づけた前掲『旧ドイツの国家学と行政学』末尾の〈補説〉において、著者はすでに、二〇世紀のドイツに顕在化したいわゆる行政国家・福祉国家の拡大とともに、かつての一九世紀的な自律的で自足した個人に代わって「否応なく国家の援助に依存せざるをえない個人が登場してきた」という本書三六頁のフレーズと同一の叙述を行なっていた。自らを禁欲して個人の自由・自助を保障すべき一九世紀的「法治国家」理念と、市民生活への公的介入をむしろ重要な責務とする二〇世紀的「社会国家」理念との間の深刻な二律背反をどのように解決すべきかということでの課題を前にして、著者が見出したのは「ドイツにおいては一九世紀になって初めて見捨てられ一部は破壊された、ヨーロッパに共通する政治的なものの伝統」(前掲「旧ドイツ国家論と西欧の政治的伝統」一七〇頁)を再発見して、これを現代の社会理論に生かすという歴史的着眼であった。爾来、この「ヨーロッパに共通する政治的なものの伝統」を念頭においた近代的「自由」概念の再吟味という主題は、著者が一貫して追い続けるテーマとなった。本書での訳出部分を直接引用するかたちで、著者の思考を追ってみよう。

(ロ) 著者によれば、T・ホッブスに由来する近代自然法論によって生み出された一八世紀の「人権」の理念は、旧身分制社会を貫いていた権利と義務の二重性を解体し、「息苦しい拘束と映りはじめた」旧社会から個人を〈解放〉して社会を主観的な権利の体系として再編成するにあたって強大なエネルギーを発揮した。

「このような抽象的自由を掲げることによって個々人のすさまじい上昇意欲の力が解き放たれた。今や誰もが『背嚢に自分の元帥杖』を持っているのだ。旧い身分による区別は崩れ去った。法的に平等なものからなる社会が展開し始める。個人はその身分に依存せずに国家と対峙する権利主体となった」(一九頁)。

かかる自律と自由の人間像を掲げて出発した近代西欧国家は、「前国家的空間に位置する社会の諸集団」(五四頁)ないし「中間団体」を個人へと分解して、いわば原子的個人からなる現代社会への道を歩みはじめるが、このことは同時に近代自然法論に元来含まれていた問題点を次第に顕在化させることになる。「これらすべてのことは他面で、人間が対人関係においてあらゆる者から何の拘束も受けないことを宣言し、隣人の権利をもはや承認しないことの代償としてもたらされたものであった」（二〇頁）からである。人間の自律は依存から、いわば概念的に切り離されたのである。二〇世紀初頭には、「ここでの人間とは市民社会の人間でありながら、自己の私的利益と私的恣意に閉じこもって、共同体から切り離された個人である」（二二頁）というK・マルクスによる一九世紀半ばの近代批判が現実のものとなってきた。

マルクスの右の批判はやがて、「私的利益と私的恣意」をルソー型の一般意思（党）の無謬性によって止揚する社会主義国家を成立させるが、西欧国家の場合には、「中間団体」の保護を失った弱者に対して、国家が団体に取って替わる新たな保護の担い手として巨大化するという、先に触れた行政国家の拡大現象が進行した。けだし、一八世紀の大革命後のヨーロッパが、自律し自足する個人の自律・自由という輝かしい理想を掲げて出発したことは、二〇世紀にいたって、この理想の背後に「否応なく国家に依存せざるをえない」膨大な大衆という現実を産み落としたのである。

(ハ)　右のような矛盾を孕んだ二律背反的現実を前にしてワイマール期以降のドイツ憲法理論は、〈自由とその社会的制約〉（六四頁）というここでの課題を、「自由権的基本権」（法治国家原理）と「社会的基本権」（社会国家原理）の間の利益衡量の問題として取り扱おうとした。この理論枠組は第二次大戦後に至るまで変わっていない。だが著者マイアーは、ここで次のような問いを発する。〝法治国家と社会国家の問題はそもそも憲法論の問題なのであろうか。むしろこれは、自由そのものの理解に関わる、より根本的な問題なのではあるまいか〟。本書において、著者はこの問題を次のような表現を用いて直截に言い表している。

「自由と基本権は、個人の私権（Eigenrecht）から出発する他には、つまり個人は他者に対して個人として義務を負わない存在であるという主張と立場から出発する以外の方法では、そもそも考えられないものなのであろうか？」（六四頁）。

この問いの背後にあるのは、かつて近代社会の出発点にそもそも存在し、その後いったんは舞台の前面から退いていた「自由とは拘束からの解放につきるものなのか？」という根本問題を、二〇世紀後期の現代社会が改めて我々につきつけつつある、という著者の歴史的洞察である。別の場所でマイアーは次のようにも述べている。

「自由とは個人の解放以上のものである。自由は個人と国家という一次元的関係に還元し尽されないものであり、つねに個人と制度の二面性の中で現実化されるものである。自由をたんに、制度や伝統や権威や宗教からの個人の解放という文脈だけで理解する者は、自由についてのうわべだけの不十分な理解にとどまってしまう」（Die Deutschen und die Freiheit, Zeitschrift für Politik, Heft 1 1989 S. 11)。

そして、「救いは新しく理解された自由からしかやってこない。この自由においては、人間の援助と補完の義務は(啓蒙自然法におけるように)自由の反対像や障害物ではなく、自由そのものの内在的構成要素なのである」（六九頁）という本書第一節末尾のフレーズは、近代自然法論以前のヨーロッパ世界に遡る歴史研究の中で著者が到達した結論であり、その後の四半世紀を通して展開された主張のライトモチーフに他ならなかった。

(3) (イ) 一九八九年のロシア・東欧における社会主義国家の崩壊が、近代的自由をめぐる著者の思索にとって一つの、しかし大きな応用問題であったことは、「全体主義は少なくとも近代的自由の歴史が欠落させ退けてきたものを回復しようという動きの所産であった」（九七頁）という本書第二部第二論文における定式を見るまでもなく明らかであろう。

第二部に訳出した、「社会主義の後で――社会的なるものへの新たな倫理？」はベルリンの壁崩壊後数か月の間に執筆され、一九九二年にバイエルンの歯科医師大会で行われた講演の原稿をもとにして公にされたものである。この論文は第一部のような理論的構築性を持ったものというよりは、「我々はここ数年の間の劇的展開に驚き呆然としている」（七二頁）という西側世界に共通した〝驚き〟をそのまま語りながら、全体主義の内部構造をいわば直観的に分析することを試みた作品である（今回の訳出にあたっては、ベルリンの壁崩壊直後の一九九一年に訳者あてに送付されたタイプ版のテキストの本文を、著者の了解の下に底本として用いた)。「全体主義とは一体なんだったのか」というここでの問いは、一九九〇年代以降、「政治宗教」(Politische Religion)という主題の下でのトータリズムの本格的な学際的研究に著者を導くものとなる。著者の全体主義理解と人権論・自由論との思想的脈絡を端的に物語っているのは、本論文末尾の次の一節である。

「個人の解放の精神が、旧時代の socialitas を解体したことは、同時に、我々を一面的思考と袋小路へと導くものでもあったのではないか?……現代の全体主義を経たあとの自由の概念を、一九世紀的な自由の概念によってそのまま理解することはもはやできない相談である。……けだし、理性的な社会理論に課せられ続けている課題は、自由の概念をその近代的な偏狭さから解き放って、……人間相互の援助・補完の義務から生まれる社会的次元を自由の概念のうちに回復することである」(九七〜九八頁)。

ここでの後段の文章は、ちょうど二〇年前に公刊された第一部第一論文の結論部分の一節(本書六九頁)にそのまま呼応しており、著者が近代的自由概念の再吟味という作業に年月をかけて取り組んできたことを窺わしめる。「人間相互の援助・補完の義務から生まれる社会的次元」はかかる意味で、著者の思想全体を理解するための一つの鍵概念といってよい。

(ロ) 「近代的自由」に対する右のような著者の距離感はしかし、「自由」がたんなる防御権としてのみ語られることへの距離感ではあっても、いわゆる〝反近代主義〟ないし〝懐古主義〟を意味するものではない。

確かに著者の着眼は、「ドイツにおいては一九世紀になって初めて見捨てられ一部は破壊された、ヨーロッパに共通する政治的なものの伝統を再発見する」（前掲）というそのシェーマからも窺われるように、視野を自由主義以前へと拡げる歴史的思考から発しており、ホッブスに始まる近代自然法論に左袒するものではない。むしろこの思考は、ホッブス的な「自然権」によって分解される以前の旧ヨーロッパ社会の古典的・倫理的伝統（アリストテレス・トマス的伝統）を、今日において新たに継承し活性化せんとするものと言ってよい。

翻ってみればこの旧ヨーロッパの古典的伝統の下においては、人間の〈個体性〉と一定の方向性をもつ〈共同性〉とは、人間存在の分かつことのできない二面的な契機として理解され、その意味で人間は権利と義務を二つながらに背負った存在であった。相互依存性と関係性が社会構成の重要な原理の一つとなっており、畢竟そこでの「法理解・国家理解の『自然法的出発点』となったのは、人間の援助と補完の義務であって、『純粋に此岸的かつ社会的・利己的に把握された個人』（F・ヒッペル）ではなかった」（六七頁）。近代自然法論はここでの個体性の契機を、個人の解放の方向に極限まで押し進めて「個人主義的自由」の概念を結晶させた。しかし、著者の歴史理解によればこの「自由」は、「個人が自らの生を責任を持って形作ろうという意志の倫理的原則」（四八頁）として普遍的な意義を有してはいたが、他方でこれが、人間の個体性から共同性を概念的に切り離すことによって成立したことは、今日に至るさまざまのイデオロギー的「倒錯現象」（九八頁）を生み出す源となった。

こうした視角から見た場合、著者マイアーの理論は、旧時代の socialitas の中に、単なる歴史性を超えた人間の存在の秩序を示す普遍性を認め、そこでの人間理解の方法を現代の社会理論の中に掘り起こそうという一点において、一の普遍理論の性格を帯びているのである。

三　本書に収録した二つの著作の翻訳を著者が思い立ったのは、本書に叙述されている人権思想史と「自由」の理解をめぐる著者マイアーの論策が、わが国でこの主題を繙こうとする学生や一般読者にとって益するところ大なるものがあると考えたことによる。

冷戦終結後の現代世界において、「人権」という概念それ自体はあたかも燎原の火の勢いで地球上を席巻しつつあるが、他方で、「その価値と意味についての根本的な不一致がこれほどまでに露わになった事はなかった」（本書一頁）という著者の観察もまた否定することのできない真実である。このことは、「人権」が一の道徳的公理にも似た力を帯びて用いられる一方で、それに対する批判もまた他方から鋭く打ちあてられるわが国において、そのまま妥当するであろう。こうした今日的状況にあって、著者のバランスの取れた歴史哲学的な叙述とそこでの原理的な問題の提起は、――その人間論・国家論に対する賛否を超えて――「人権とは何か」を考える読者の視野の拡大を助けるものとなるに違いない。

訳出にあたっては、ニュアンスに富んだ著者の文章を出来る限りわかりやすい日本語の中に再現することに意を用い、場合によっては逐語訳を避けて必要と思われる日本語を補った。訳語や言いまわしの点で不完全な部分は、今後折があれば補正・改善を心がけたい。ちなみに、ドイツを主要素材とした人権思想史の分野に今後とも鍬を入れる可能性のある読者の便宜のため、第一部 Die Grundrechte des Menschen im modernen Staat の中で用いられている用語と人名（五〇余点）には、インデックス機能として有用と思われる限度での短い訳注を付した。

原稿の整理作業全般については、東洋大学大学院博士過程の小島伸之氏のお世話になった。また、訳文の作成過程でご教示にあずかった高田知行氏（ドイツ在住）をはじめとする多くの方々に、この場を借りて厚く御礼申し上げる。

最後になったが、出版の労をおとり下さった信山社の渡辺左近・斉藤美代子両氏の御好意と友情に対して、心から感謝の意を表したい。

〈著者紹介〉

ハンス・マイアー（Hans Maier）

1931年　ドイツ・フライブルク（ブライスガウ）生まれ

現　在　ミュンヘン大学哲学研究所（Institute für Philosophie — Seminar für christriche Weltanschauung, Religions–und Kulturtheorie）名誉教授

〈編訳者紹介〉

森田　明（もりた・あきら）

1943年　東京生まれ

現　在　東洋大学法学部教授

**基本的人権論**

2002年（平成14年）8月10日　第1版第1刷発行

著　者　ハンス・マイアー

編訳著　森田　明

発行者　今井　貴
　　　　渡辺左近

発行所　信山社出版

〒113-0033 東京都文京区本郷6-2-9-102

TEL 03（3818）1019

FAX 03（3818）0344

Printed in Japan


印刷・製本／松澤印刷・大三製本

ISBN 4-7972-2233-6 C3332